VOM LEBEN IM GEIST

VON

CHR. VON VIEBAHN

DIAKONISSENMUTTERHAUS

AIDLINGEN

Die meisten der den Betrachtungen beigegebenen Liederverse
sind mit Erlaubnis des Verfassers entnommen
aus »Lieder von Kampf und Herrlichkeit« von H. E. Alexander

11. Auflage

Schriftenmission und Verlag

Diakonissenmutterhaus Aidlingen/Württ.

Graphische Gestaltung Hans Hug

Druckerei W. Röck, Weinsberg

ISBN 3-922161-06-5

INHALT

Vom Leben im Geist
Seite 7

Vom Kämpfen im Geist
Seite 28

Vom Beten im Geist
Seite 43

Vom Dienen im Geist
Seite 94

Vom Erquicktwerden im Geist
Seite 112

VOM LEBEN IM GEIST

In unseren Tagen verlangen manche Kinder Gottes nach etwas ganz Neuem für ihr inneres Leben. Es ist ihnen klar, daß ihre geistliche Erfahrung nicht das ist, was die Bibel uns als das sieghafte Leben in Kraft vor Augen stellt. »Alle, welche die überschwenglich reiche Gnade und die Gabe der Gerechtigkeit empfangen haben, vermögen königlich zu herrschen im Leben durch den Einen, unseren Herrn Jesus Christus.« Herrschen im Leben heißt, daß wir Schwierigkeiten, Versuchungen und Sünden — auch die Temperamentssünden, auch die Mächte der Finsternis — unter die Füße bekommen. Zu dieser Kraft, zu diesem Sieg, zu dieser Entfaltung des göttlichen Lebens mitten im Getriebe der Welt und des Alltags sind wir berufen.

Alle, die danach dürsten, ruft der Herr Jesus zu Sich! Denn nur durch ein neues Ihn=Erkennen werden die Kräfte des göttlichen Lebens in uns wach und zur vollen Geltung gebracht. Der Ruf Jesu: »Wen da dürstet, der komme, und wer da will, der nehme das Wasser des Lebens umsonst!«

gilt nicht nur Menschen, die noch ohne Heil und Frieden sind, er gilt auch den dürstenden Kindern Gottes. Wir dürfen beständig schöpfen aus der Lebensquelle, die Jesus Selbst ist. »Sie tranken alle aus dem geistlichen Felsen, der sie begleitete. Der Fels aber war der Christus.«

»Wer so an Mich glaubt, wie die Schrift sagt, von dessen Leibe werden Ströme lebendigen Wassers fließen!« Wir werden ein Segen für unsere Umgebung sein, wenn die Menschen uns abspüren, daß wir Erquickte im göttlichen Leben sind, von heiliger Freude und Heiligem Geiste erfüllt! An Stephanus sehen wir, was der Herr Jesus meint, wenn Er spricht: »Ich bin gekommen, daß sie das Leben haben und es in Überfluß haben.« Stephanus konnte viele überzeugen und dem Sohn Gottes als Siegesbeute zu Füßen legen, eben weil er ein Mann voll Geistes, voll Gnade und Kraft war. Die Widersacher des Evangeliums, die Vertreter der jüdischen Gelehrtenschulen, stritten mit diesem Zeugen Gottes, aber »sie vermochten nicht, der Weisheit und dem Geiste zu widerstehen, mit welchem er redete« (Apg. 7, 1—60).

In Menschen, in denen Jesus Christus Sein göttliches Werk tun konnte und weiter tun kann, hat Er ein heiliges Feuer angezündet, das auch überspringt auf andere und sie mit hineinzieht in die Glut heiliger Weihe für Gott: »Ich bin gekommen, ein Feuer auf die Erde zu schleudern, und was wünschte Ich mehr, als daß es schon hell brennte!« In einem Paulus und Petrus, in Johannes und Timotheus brannte dieses lodernde Feuer mit Macht. Doch auch sie mußten zusehen, daß es nicht niederbrannte und erlosch. Darum schreibt der Apostel Paulus an Timotheus: »Du nun, mein Kind, sei stark in der Gnade, die in Christus Jesus ist! Fache an zu neuer Glut, zu heller Flamme die Gnadengabe Gottes, die in dir ist, die du unter meiner Handauflegung empfangen hast. Denn Gott hat uns nicht einen Geist der Furchtsamkeit gegeben, sondern den Geist der Kraft und der Liebe, der nüchternen Besonnenheit und Ent= schlossenheit!«

Heiliges Begehren

Der Prophet Elia war ein Mann von seltener Gei= steskraft, ergriffen von heiligem Feuer für die Ehre seines Gottes. Sein Diener Elisa war ihm im Lauf der Jahre zum Freunde gereift und trat in seine Fußtapfen. Ein heiliges Band verband die beiden Männer Gottes.
Wir tun einen Blick in die Abschiedsstunde, die den Elisa von seinem geistlichen Vater trennte. Elia sprach zu Elisa: »Begehre, was ich dir tun soll, ehe ich von dir genommen werde.« Was hätten wir wohl gesagt, wenn unerwartet solch eine Frage an uns gekommen wäre? An der Ant= wort können wir die innere Stellung Elisas er= kennen. Sein Vater im Glauben war ihm eine solche Verkörperung der Macht des Geistes Got= tes, daß er kein anderes Begehren hatte als die= ses: »Möge mir doch ein doppeltes Teil von dei=

nem Geiste werden.« Elisa empfand tief, was der Weggang Elias für ihn, für das Werk Gottes bedeutete. Er, der Jüngere, war doppelt darauf angewiesen, vom Geist der Kraft erfüllt und erleuchtet zu werden für seine hohe Aufgabe. Elia sagt: »Du hast Schweres begehrt! Doch wenn du mich sehen wirst, wenn ich von dir genommen werde, soll dir also geschehen, wenn aber nicht, so wird es nicht geschehen« (2. Kön. 2, 1–15). Alles hing für Elisas ferneren Dienst davon ab, ob er bis ans Ende ihres Weges bei seinem Herzensvorsatz verharren würde. Nur dann konnte er dieses Maß von Gnade und Kraft erlangen, das ihm so begehrenswert vor Augen stand. Uns sagt die Schrift: »In keiner Weise dürft ihr etwa träge sein, sondern sollt vielmehr denen nacheifern, die durch Vertrauen und Beharrlichkeit die Erfüllung aller Verheißungen ererbt haben.«

Wenige Kinder Gottes halten die hohen Ziele, die heiligen Wünsche und Vorsätze bis zum Ende fest, die in der Zeit ihrer ersten Liebe von Gott in ihr Inneres gepflanzt wurden. So kommt das, was die Gnade im Keim in sie gelegt hat, niemals zur vollen Ausgestaltung. Und der Herr muß den Schmerz, die Enttäuschung erleben, daß viele Seiner Geliebten verflachen – in Unreife und geistlicher Unselbständigkeit steckenbleiben.

Wir werden hier erinnert an die Bedingungen des priesterlichen Dienstes, zu dem Aaron und seine Nachkommen erwählt waren: »Sie sollen ihrem Gott heilig sein, den Namen ihres Gottes sollen sie nicht entweihen, denn die Feueropfer, das Brot ihres Gottes, bringen sie dar; darum sollen sie Mir geheiligt sein!« Aber: »Jedes Glied vom Hause Aaron, das ein Gebrechen an sich hat, darf nicht hinzutreten, um die Feueropfer des Herrn darzubringen! Ich bin der Herr, der euch heiligt« (3. Mose 21, 6. 21—23).

Wie schmerzlich, daß es Gläubige gibt, die ihre hohe priesterliche Stellung nicht erfassen; sie machen sich untauglich dafür durch ihr Eigenleben und ihre Oberflächlichkeit oder sonstige Gebundenheiten! Möchten doch in diesen Tagen Erschütterungen des Geistes über die Erlösten des Herrn kommen, tiefe Buße und Reinigung, ein neues Ergreifen der hohen Berufung, zu der sie ursprünglich von Gott bestimmt waren und noch sind!

Stetes Voranschreiten

Die Stätte, da das heilige Feuer in uns entzündet und in Brand gehalten wird, ist der Gebetsaltar in unserem Herzen — das Alleinsein mit Gott, das tägliche Stillewerden vor dem Angesicht des Herrn. Es gilt, Schritte zu tun bis zu Seinem Thron, so daß Er uns in der Verborgenheit Sein Herz auftun kann. Hier will Er in uns hineinlegen, was heute für Ihn Frucht bringen soll in unserem Alltag.

Wenn wir mit unserem innersten Herzen von Jesus leben, von göttlichen Worten, von der nahen Gemeinschaft mit dem Herrn, so werden un=

bedingt unsere Fortschritte allen offenbar werden. Das legte Paulus seinem Mitarbeiter Timotheus nahe, der trotz seiner Jugend in seinen Worten, in seinem Betragen, in der Reinheit und in der selbstlosen Liebe ein Vorbild für die Gläubigen sein konnte (1. Tim. 4, 12—16).

Die normale Entwicklung des göttlichen Lebens wird uns vor Augen gestellt in dem Wort: »Der Pfad des Gerechten ist wie das glänzende Morgenlicht, das stets heller leuchtet bis zur vollen Tageshöhe!« In Anlehnung an die Schöpfungsgeschichte wurde einmal gesagt: »Wenn der Geist uns zu einer neuen Stufe führen will, ist dies nur möglich, indem Gott neu hineinruft in unser Herz: »Es werde Licht!« Keine neue Stufe, ohne daß uns klar gezeigt wird, was dem Erreichen derselben bisher im Weg steht und in tiefem Zerbrechen hinweggeräumt werden muß. Kein neuer Schritt im inneren Leben ohne Demütigung und Beugung vor dem Herrn. Wie nötig ist auch ein neues Maß von Erkenntnis, von Zuversicht, von lebendigem Glauben, von Erfassen des Herrn in Seiner Herrlichkeit! (Phil. 3, 10; 2. Petr. 1, 1—11. 19).

Die Schrift zeigt uns, daß wir die einzelnen Entwicklungsstufen zur rechten Zeit erreichen müssen, wenn nicht ein krankhaftes, unnormales Zurückbleiben unser inneres Leben kennzeichnen soll. Wir wissen alle, in welchem Alter etwa ein Kind das Gehen, das Sprechen erlernen muß — in welchem Alter es so weit ist, daß es zur Schule gehen kann.

Jede Mutter macht sich die größten Sorgen um ihr Kind, wenn sie merkt, daß die geistige und körperliche Entwicklung nicht Schritt hält mit seinem Alter. Sie muß sich dann das tiefschmerz= liche Eingeständnis machen: Mein Kind ist un= normal, es wird wohl nie wie andere seinen Platz ausfüllen können.

Wenn wir für uns selbst kämpfend ringen um die Wirksamkeit Seiner Kraft in uns, dann wer= den wir auch imstande sein, unsere Mitgeschwi= ster zu erwecken und in heiliger Liebe ihnen vor= wärtszuhelfen.

Wach sein für Gott

Innere Trägheit, ein Sichgehenlassen, Oberfläch= lichkeit, Untreue, Ichgebundenheit — das sind ei= nige der Ursachen, durch die so viele Kinder Got= tes in den Anfängen ihres neuen Lebens stecken= bleiben. Unwissenheit auf geistlichem Gebiet kennzeichnet sie (Spr. 24, 30—34). Was es eigent= lich heißt, zu wachen und zu kämpfen im Gebet, das wissen sie nicht. Sie lassen ihre Seele Mangel leiden, indem sie das Wort Gottes höchstens ge= wohnheitsmäßig lesen. Von einem wirklichen Suchen und Forschen in der Schrift, von eifrigem Eingehen auf alles, was der Wille Gottes von uns verlangt, ist keine Rede. In solcher Verfassung gilt uns das Wort: »Faulheit versenkt in tiefen Schlaf, und eine lässige Seele wird hungern; wer dagegen das Wort bewahrt, der bewahrt seine

Seele. Wer des Herrn Wege verachtet, der wird sterben.«

Kennen wir die in uns gelegte Kraft des neuen Lebens? Es ist eine Erfahrungstatsache, daß die Gaben und Fähigkeiten, die wir nicht praktisch anwenden, verkümmern und absterben. Hierher gehört das nicht leicht zu verstehende Wort: »Seht nun zu, wie ihr das Wort Gottes höret! Wer da hat, dem wird gegeben werden; wer aber nicht hat, von dem wird selbst, was er hat, weggenommen werden.« Es ist eine große Gnade, wenn der Geist Gottes uns aufgeweckt hat, aber es gehört noch unendlich mehr Gnade dazu, wach zu bleiben bis ans Ende. In Esra 1,5 lesen wir von Gliedern des Volkes Gottes, deren Geist Gott neu erwecken mußte, um hinaufzuziehen nach Jerusalem. Es können Menschen, die einmal wach für ihren Gott waren, wieder in tiefen Schlaf gesunken sein. Und was Gott einmal an ihnen gewirkt hat durch Seinen Geist, verfällt und wird zunichte. Selbst die drei Jünger, die dem Herrn nahestanden, schliefen ein (Luk. 9, 28—32). Wenn Jesus sie nicht noch zur rechten Zeit wachgerüttelt hätte, so wären sie um die neue Schau gekommen. »Als sie völlig aufgewacht waren, sahen sie Seine Herrlichkeit!«

Wie viele Kinder Gottes, die in ihrem irdischen Leben und Beruf recht fleißig und umsichtig sind, liegen innerlich in tiefem Schlaf! Gerade in dem Brief, der die höchsten Wahrheiten für Kinder Gottes enthält, im Epheserbrief, ertönt der Mahnruf: »Wache auf, der du schläfst, und stehe auf aus der Mitte der Toten, dann wird Christus dir leuchten!« Innerlich schlafende Jünger kann der Geist Gottes nicht in der Erkenntnis ihres Erlö= sers voranführen; Er kann ihnen ihren himm= lischen Herrn nicht offenbaren. Der Prophet Jesaja sagt uns: »Der Herr, Herr, weckt mich jeden Mor= gen, Er weckt mir das Ohr, daß ich höre wie ein Schüler.«

Hungern und Dürsten nach Gott

»Gleichwie der lebendige Vater Mich gesandt hat, und Ich lebe vom Vater, so wird auch, wer Mich ißt, von Mir leben. Dies ist das Brot, das aus dem Himmel herniedergekommen ist. Nicht wie die Väter aßen und starben; wer dieses Brot ißt, der wird leben in Ewigkeit!« Von der innigen Gemeinschaft, die zwischen dem Vater und dem Sohn bestand, können wir uns wohl kaum eine Vorstellung machen. Und doch hat der Herr Je= sus uns ein Leben gegeben, das uns fähig macht, Gemeinschaft zu haben mit dem Vater und in Abhängigkeit von Ihm unseren Weg zu gehen. Es gilt für uns, »Ihn zu essen«, das heißt unsere Seele an Ihm zu erquicken, zu leben von Seiner Liebe, von Seiner Herrlichkeit, von Seiner wun= derbaren göttlichen Person und von Seinem hei= ligen Wort. Ohne dieses tägliche Empfangen aus Seinem Wort werden wir nicht bei und in Ihm bleiben können. »Der Mensch lebt nicht vom Brot allein, sondern von jeglichem Wort, das durch den Mund Gottes ausgeht!« Jeremia sagt: »Herr, Deine Worte waren vorhanden, und ich habe sie gegessen, und Deine Worte waren mir zur Wonne und zur Freude meines Herzens; denn ich bin ja nach Deinem Namen genannt, Herr, Du Gott der Heerscharen!« »Öffne meine Augen, Herr, daß ich die Wunder schaue in Deinem Gesetz« (Ps. 119, 97. 103. 111. 112).

Der Heilige Geist ist es, der uns nicht nur ein tieferes Verständnis des Wortes schenkt, Er erinnert uns auch an göttliche Worte bei unserem Sinnen und läßt sie uns zur Erquickung werden. Wenn wir gewöhnt sind, daß Gott uns nahetritt in Seinem Wort und uns dadurch hineinzieht in Seine heilige Gemeinschaft, so ist unser Herz auch zu jeder Zeit aufgeschlossen für unmittelbare Offenbarungen. »Wer Meine Gebote hat und sie hält, der ist es, der Mich liebt; wer aber Mich liebt, der wird von Meinem Vater geliebt werden, und Ich werde ihn lieben und Mich ihm offenbaren.« »Glückselig der Mensch, der auf Mich hört, indem er an Meinen Türen wacht Tag für Tag, die Pfosten Meiner Tore hütet!«

Wer das Leben im Geist üben will, muß Tag für Tag an Seinen Türen wachen, denn wir wissen nie, zu welcher Tür unser Herr jetzt zu uns treten und Sich uns offenbaren wird. »Herr, nach Deinem Namen und nach Deinen Offenbarungen geht das Verlangen meiner Seele! Mit meiner Seele verlange ich nach Dir in der Nacht, ja, mit meinem Geiste in meinem Inneren suche ich Dich frühe und eifrig!«

Hat der Prophet Jesaja hier vielleicht den 63. Psalm gelesen, den David in der Wüste Juda zu seinem Gebet gemacht hat? »Gott, Du bist mein Gott; frühe suche ich Dich. Es dürstet nach Dir meine Seele; nach Dir schmachtet mein Fleisch in einem dürren und lechzenden Land ohne Was= ser! So wie ich Dich angeschaut habe im Heilig= tum, ersehne ich es mir, jetzt Deine Macht und Deine Herrlichkeit zu sehen. Denn Deine Gnade bedeutet für mich mehr als das Leben. Wie von Mark und Fett wird gesättigt werden meine Seele, und mit jubelnden Lippen wird loben mein Mund, wenn ich Deiner gedenke auf meinem Lager, über Dich sinne in den Nachtwachen. Denn Du bist mir zur Hilfe geworden, und ich werde jubeln in dem Schatten Deiner Flügel! Meine Seele hängt Dir nach, es hält mich aufrecht Deine rechte Hand!« (Ps. 17, 15; 65, 4; 36, 7—10).

Das emporgehobene Leben

Das Leben im Geist heißt in der Schrift auch das emporgehobene Leben. Der Prophet Hesekiel kennt etwas von diesem Leben, wenn er sagt: »Und der Geist hob mich empor!« oder: »Der Geist kam in mich und stellte mich auf meine Füße« (Hes. 2, 2; 3, 12; 11, 1. 24).
Unser neuer Mensch hat Flügel des Geistes. Er vermag sich über das Irdische und Sichtbare em= porzuschwingen in seine eigentliche Welt, die Welt Gottes. David sagt: »Zu Dir, Herr, erhebe

ich meine Seele, mein Gott, auf Dich vertraue ich.« »Tue mir kund den Weg, den ich wandeln soll, denn zu Dir erhebe ich meine Seele.« »Erfreue die Seele Deines Knechtes, denn zu Dir, Herr, erhebe ich meine Seele.«

Wollen wir als Geliebte des Herrn erfreut und erquickt werden, wollen wir die Leitung von oben erfahren, so muß sich unsere Seele zu den Höhen Gottes emporheben. Wie anders gestaltet sich das Bild, wenn wir Menschen und Dinge von der Höhe aus betrachten! Wir müssen Ihm, unserem Gott, nahestehen, wenn wir die Verhältnisse so sehen wollen, wie Er sie sieht und wie sie in Wirklichkeit sind (Eph. 2, 6; Kol. 3, 1—4).

Von diesem geistlichen Standpunkt aus werden wir die richtige Beurteilung und dementsprechend auch das richtige Verhalten finden in den Umständen, in welchen wir uns bewegen.

Dieser höhere Weg ist meist ein Weg tiefer Leiden, ein Weg des Sterbens. Paulus sagt: »Auf Schritt und Tritt tragen wir das Sterben Jesu an unserem Leibe umher, damit auch das Leben Jesu an unserem sterblichen Leibe offenbar werde« (2. Kor. 4, 6—15). Gott richtet unsere Verhältnisse so ein, daß, wenn wir nur wollen, das Mit-Christus-Sterben geübt werden kann, und so gewinnt das göttliche Leben fortschreitend in uns Gestalt. Aber wie leicht geschieht es, daß wir uns wehren gegen die kleineren und größeren Sterben, die unser täglicher Weg mit sich bringt! Wir verpassen diese Gelegenheiten, weil wir gewöhnt und merkwürdig geschickt sind, das Ster=

ben zu umgehen. So gehen wir der erziehenden und heiligenden Gnade verlustig, die uns unserem großen Herrn ähnlich machen will. Nur unter tiefen Leiden reifen wir heran und wachsen in allen Stücken empor zu Ihm, der unser Haupt ist!

Wir wollen es uns noch einmal klarmachen, daß nach dem Willen der göttlichen Liebe alle Wiedergeborenen dazu bestimmt sind, daß die überschwengliche Größe Seiner Kraft sich in ihnen entfalte und in ihrem kleinen Erdenleben zur vollen Geltung komme. »Hier wirkt die gleiche, mit gewaltiger Stärke sich betätigende Macht, wie Gott sie an Christus bewiesen hat, als Er Ihn aus den Toten auferweckte und Ihn zu Seiner rechten Hand in die Himmelswelten erhob« (Eph. 1, 17—20).

Dieses Wirken des göttlichen Geistes wird allein imstande sein, uns Schritt für Schritt in dem emporgehobenen Leben zu befestigen, so daß wir etwas sind zum Preise Seiner Herrlichkeit und unserer wahren erhabenen Bestimmung entgegengeführt werden.

Der Geist der Wahrheit, den die Welt nicht kennt

Jesus sagt uns, daß die Welt den Geist Gottes nicht kennt. »Ihr aber kennt Ihn, denn Er bleibt bei euch und wird in euch sein!« Er ist es, der jede Erkenntnis und jedes Reifen in uns wirkt. Deshalb ist es von großer Bedeutung für uns, aus der Heiligen Schrift den Geist Gottes in Seinem Wesen und in Seinen Bedingungen kennenzulernen.

Das Hungern und Dürsten nach Wirkungen des Geistes Gottes in uns muß nicht nur erwachen, sondern von uns selbst im Gebet begehrt, gestärkt und wachgehalten werden. Er läßt es aufrichtigen Herzen gegenüber nicht fehlen an Deutlichkeit und Ernst Seines Offenbarens. Doch wie oft fehlt bei uns die Lauterkeit! Wir lieben unser Ich, unser Ansehen bei den Menschen, unsere eigene Meinung, unseren Besitz oder was es sonst ist, viel mehr, als daß es uns um Selbsterkenntnis und das Erreichen der göttlichen Ziele so dringlich zu tun wäre. Erkenntnis Gottes, Verherrlichung Seines Namens ist nicht das Verlangen, das das tägliche Leben beherrscht. Und deshalb müssen so viele über innere Leere und Unfruchtbarkeit klagen.

Die Segnungen des Geistes sind überquellende Segnungen. Wenn der Geist Gottes in meinem Herzen wirken darf, dann wird der Herr gepriesen in meinem Leben. Das wird gesehen werden von den Menschen, die um uns sind, in unserer Familie, in unserer Arbeit. Sie merken es, wenn der Geist Gottes uns neue Züge aufprägen konnte — wenn unser Betragen ein anderes geworden ist, wenn wir stiller, selbstloser, liebevoller, geheiligter sind als vorher. Als Hanna, die Mutter Samuels, in tiefem Flehen vor Gott eine neue Stufe erlangt hatte, da heißt es: »Und ihr Angesicht war nicht mehr dasselbe.«

»Was kein Auge gesehen und kein Ohr gehört hat, was keines Menschen Herz je ahnen konnte, das hat Gott bereitet denen, die Ihn lieben; uns aber offenbart es Gott jetzt schon durch Seinen Geist. Denn der Geist erforscht alles, selbst die Tiefen Gottes. Wer weiß denn, was in dem Inneren eines Menschen vorgeht? Das weiß nur der Geist, der in dem betreffenden Menschen ist. Ebenso kennt auch niemand Gottes Inneres als nur der Geist Gottes. Wir aber haben nicht den Geist der Welt empfangen, sondern den Geist, der aus Gott stammt, damit wir die wunderbaren Segnungen kennen, die uns von Gott geschenkt sind. Und diese verkündigen wir auch — nicht in Worten, wie menschliche Weisheit sie lehrt, sondern in Worten, gelehrt durch den Heiligen Geist, indem wir geistliche Dinge mit geistlichen Worten klar= legen. So bringen wir für Geistesmenschen geist= liche Wahrheiten zum Ausdruck. Der natürliche, der unwiedergeborene Mensch dagegen nimmt nicht an und nimmt nicht einmal wahr, was vom Geiste Gottes ist, es erscheint ihm eine Torheit; er kann es weder erkennen noch verstehen, denn es muß geistlich beurteilt und verstanden wer= den! Der wirklich geistliche Mensch — mit dem Geiste Gottes ausgerüstet und erfüllt —, er beur= teilt alles zutreffend, hat in allem das richtige Verständnis und Urteil. Er selbst jedoch wird von niemand richtig verstanden und beurteilt. Denn wer hat des Herrn Sinn erkannt, so daß er Ihn ganz verstehen und gar Ihn unterweisen könnte? — Wir aber haben Christi Sinn!«

Gesegnet, um andere zu segnen

Wirkungen und Segnungen des Geistes werden uns nie ausschließlich zum eigenen Gebrauch und zur eigenen Erquickung geschenkt. Was wir empfangen, kann uns nur zum Segen sein, wenn wir es auch in die Praxis übersetzen. Was von Ihm ist, hat Kraft und dient anderen zum Nutzen. Jede Offenbarung des Geistes wird verliehen, damit andere mit uns gesegnet werden. »Einem jeden unter uns wird nun die besondere Offen= barung und Wirkung des Heiligen Geistes zum Besten aller anderen zuteil« (1. Kor. 12, 4—31).
Nur wenn ein Gläubiger auf jeder Stufe seiner inneren Entwicklung das wird, was er auf dieser Stufe werden soll, besitzt er die notwendige Frei= heit und Reife, seinen Mitgläubigen zu dienen. Sein Dienst kann gleichzeitig der ganzen Gemeinde nützlich sein, denn jeder der Hörer wird sich so viel zu eigen machen, als sein augenblickliches Fas= sungsvermögen gestattet. »Dient einander gern, jeder mit der Gabe, die er von Gott empfangen hat. So soll es sein bei guten Verwaltern der man= nigfaltigen Gnade Gottes. Redet jemand als Die= ner des Wortes, so seien seine Worte wie Aus= sprüche Gottes! Dienst du, so tue es in der Kraft, die Gott dir gibt, damit auch in allem Gott ver= herrlicht und gepriesen werde durch Jesus Chri= stus, unseren Herrn. Ihm gebührt die Herrlichkeit und die Macht in alle Ewigkeit! Amen.«
Wenn der Herr uns zum Dienst an anderen ge= brauchen will, müssen wir bereit sein zu tiefer

Umgestaltung in Jesu Art, sonst werden wir nicht das Verständnis und das Wort für die uns anvertrauten Menschen finden. Durch die dreieinhalbjährige Erziehung der Jünger und nachdem der Heilige Geist in Fülle auf sie gekommen war und Christi Werk in ihnen krönte, konnten sie den Bedürfnissen der Gemeinde entsprechen und den Schwachen wie den Starken dienen (Apg. 4, 32. 33).

Geistliche Reife zeigt sich gerade auch darin, daß man mit Liebe dem jüngsten Kind Gottes entgegenkommt und ein Verstehen für seine Entwicklungsschwierigkeiten hat. »Den Schwachen bin ich ein Schwacher geworden, damit ich die Schwachen gewinne ... Ja, ich bin allen alles geworden, damit ich auf alle Weise Menschen für Gott rette« (1. Kor. 9, 16—23).

Die Ausrüstung für die Aufgaben, die im Dienst zu erfüllen sind, kann nur vom Geist Gottes kommen, der stets ein tieferes Eindringen in die Heilige Schrift als Weg benützen wird, Seine Werkzeuge zuzubereiten.

O Gottesliebe, die nicht auszudenken,
Komm, sende in mein Herz Dein helles Licht!
Laß meiner Hoffnung Anker tief sich senken
In Dich, die niemals täuscht und niemals bricht.

O Gottesliebe, schmilz mit Deinen Gluten
Das Eis des kalten, öden Herzens mein,
Schwemm fort in Deines ewgen Lebens Fluten
Mein unfruchtbares, trübes, altes Sein!

O Gottesliebe, mach mich überfließen
Von allem, was Du bist und für mich hast,
Daß Deine Ströme sich durch mich ergießen
In diese Welt, die so geliebt Du hast.

So nimm denn, Herr, nimm hin dies kleine Leben,
Denn ich bin Dein, und, Jesus, Du bist mein.
Im Glauben, den Du Selbst ins Herz gegeben,
Laß alles in mir Dir verfügbar sein!

Ströme lebendigen Wassers

An dem letzten, dem großen Tage des Laubhüt=
tenfestes stand Jesus da und rief: »Wenn jemand
dürstet, so komme er zu Mir und trinke. Wer an
Mich glaubt, gleichwie die Schrift gesagt hat, aus
dessen Leibe werden Ströme lebendigen Wassers
fließen. Dies aber sagte Er von dem Geiste, wel=
chen die an Ihn Glaubenden empfangen sollten;
denn noch war der Geist nicht da, weil Jesus
noch nicht zur Herrlichkeit erhöht worden war.«
Wenn wir etwas von geistlichen Segnungen wei=
terzugeben haben, so kann es nur das vom Herrn
Selbst Empfangene sein. Wohl gebraucht Gott
den Dienst Seiner Heiligen und Geliebten zu un=
serer Auferbauung; doch nur das, was durch un=
ser eigenes Herz gegangen ist, trifft auch das
Herz der anderen. Wir finden dafür eine Reihe
von Beispielen bei den Propheten. Hesekiel
mußte die »Rolle der Klagen und Wehe« erst
selbst essen, ehe er sie als Botschaft des Herrn an
Israel weitergeben durfte. »Menschensohn, iß,

was du findest, und geh hin, rede zu dem Hause Israel.« Und als das Volk nicht auf seine Worte hörte, mußte er das Gericht Gottes darstellen durch sein eigenes Tun und Leiden als ein »Wahr= zeichen« (Hes. 2, 8—3, 4; 24, 15—17).

Was Gott Selbst dir hinzugefügt an innerer Gnade — was Er in dir wirkt durch die Kraft Seines Geistes und Wortes, das gewinnt auch Gestalt in deinem täglichen Wandel. Wenn du, wie es der Apostel ausdrückt, Christus ange= zogen hast, dann bewegst du dich unter deinen Mitmenschen in aller Demut und Sanftmut und bist imstande, auch schwierige Menschen in Liebe zu tragen, denn du »hast ja angezogen den neuen Menschen, der nach Gott geschaffen ist in wirk= licher Gerechtigkeit und Heiligkeit«. Das ist es, was Jesus meint, wenn Er sagt, daß von »dessen Leibe Ströme lebendigen Wassers fließen«.

Ohne daß du viele Worte machst, werden Men= schen in deiner Umgebung von einem tiefen Dür= sten erfaßt nach Umgestaltung in das Bild des Herrn, nach Segnungen des Geistes. So darfst du hier in der Öde und Langeweile der Welt eine kleine, aber lebendige und selbständige Quelle des Lebenswassers werden, das ins ewige Leben einmündet (Joh. 4, 13. 14).

Wie im Anfang

»Ich will die Gefangenschaft Judas und die Ge= fangenschaft Israels wenden und will sie aufbauen wie im Anfang! Ich will sie reinigen von all ihrer Ungerechtigkeit, womit sie gegen Mich gesündigt haben und von Mir abgefallen sind, und sie sollen Mir noch zum Freudennamen werden, zum Ruhm und zum Schmuck vor allen Völkern auf Erden, welche all das Gute hören werden, das Ich ihnen tue. Und sie werden zittern und beben ob all dem Guten und all dem Frieden, den Ich ihnen angedeihen lasse. Und es wird bei ihnen wiederum gehört werden die Stimme der Wonne und die Stimme der Freude, die Stimme des Bräutigams und die Stimme der Braut, die Stimme derer, welche Lob in das Haus des Herrn bringen. Denn Ich werde ihre Gefangenschaft wenden und sie wiederherstellen wie in ihrer Anfangszeit! spricht der Herr« (Jer. 33, 6—9).

Zu einer Zeit, da die Untreue Israels bis zum äußersten vorgeschritten war, verspricht der Herr durch Seinen Propheten eine völlige Wiederherstellung zu ihrer ersten Liebe, zu ihrer ersten Schönheit. Jeremia hatte den Auftrag, vor den Ohren Jerusalems auszurufen: »So spricht der Herr zu Israel: Ich habe dir gedacht die Zuneigung deiner Jugend, die Liebe deines Brautstandes, dein Wandeln hinter Mir her in der Wüste, im unbesäten Land. Damals war Israel heilig dem Herrn!«

Es ist etwas Besonderes um den Schmelz der ersten dankbaren Liebe einer erretteten Seele. Diese Einfalt, diese Freude, diese Hingabe der ersten Liebe! Niemand vermag den Schmerz des Herrn zu erfassen, wenn Er Seiner Brautseele sagen muß: »Ich habe wider dich, daß du deine erste Liebe verlassen hast.« Mit Zittern wachte der Apostel Paulus über seinen geliebten Kindern im Glauben. Er sagt: »Ich eifere um euch mit Gottes Eifer, habe ich euch doch einem Manne verlobt, dem Herrn Jesus!« Es ist etwas ganz Bedeutsames um diese heilige Einfalt der ersten Liebe; sie macht alles aus in den Augen unseres himmlischen Herrn. Man möchte sagen: Die heilige Einfalt verloren, alles verloren!

Paulus wußte sich dieses kostbare Gut zu bewahren: »Unser Ruhm ist dieser: Unser Gewissen gibt uns Zeugnis, daß wir in Einfalt und Lauterkeit vor Gott — nicht in fleischlicher Weisheit, wie sie der natürliche Mensch hat, sondern von der Gnade Gottes geleitet, unseren Wandel geführt haben in der Welt und ganz besonders im Umgang mit euch!« Am Ende seines Lebens konnte er freudig bezeugen: »Den guten und herrlichen Kampf habe ich gekämpft, meinen Lauf habe ich vollendet; die Treue habe ich gehalten und das Vertrauen bewahrt. Jetzt liegt wie ein Siegeskranz die Krone der Gerechtigkeit für mich bereit! Der Herr, der gerechte Richter, wird sie mir zum Lohn schenken, jedoch nicht mir allein, sondern auch allen, die Seine Erscheinung liebhaben, d. h. die Seine Wiederkunft herbeisehnen.«

VOM KÄMPFEN IM GEIST

Seid nüchtern, seid wach! Euer Widersacher, der Teufel, geht brüllend wie ein Löwe umher und sucht, wen er verschlingen könnte. Widersteht ihm nun standhaft, dem Herrn völlig vertrauend, und denkt daran, daß eure Brüder in der ganzen Welt die gleichen Leiden und Kämpfe zu bestehen haben. Der Gott aller Gnade aber, Er hat euch ja berufen zu Seiner ewigen Herrlichkeit in Christus Jesus. Er Selbst wird euch, die ihr kurze Zeit zu leiden habt, vollenden, befestigen, stärken und gründen. Ihm gehört die Macht und die Herrlichkeit in alle Ewigkeit! Amen (1. Petr. 5, 8—11).

Es ist für die Kinder Gottes in unseren Tagen von größter Bedeutung, geöffnete Augen zu bekommen für den heißen Kampf, in den wir hineingestellt sind. Mit aller Raffinesse bekämpft die Macht der Finsternis die Sache Gottes!

Als die Amalekiter das wehrlose Volk Israel in der Wüste überfielen, suchte Josua unter dem Volk streitbare Männer aus, eine auserlesene Kämpferschar (2. Mose 17, 8—16). Mit ihnen errang er bis zum Untergang der Sonne den Sieg über den mächtigen Feind. »Und Josua streckte Amalek und sein Volk nieder mit der Schärfe des Schwertes.« Sind auch wir bereit, die Kämpfe Gottes zu kämpfen?

Hart ist der Kampf, drum, ihr Streiter, faßt Mut,
Weicht nicht zurück an entscheidenden Tagen!
Gott führt euch sicher, der Ausgang ist gut,
Folgt ohne Furcht und ohne je zu versagen.

Er, der einst siegte zu Josuas Zeit,
Siegt auch für dich, Er bleibt immer der Gleiche.
Vor unserem Herrn in der Herrlichkeit
Alles im Himmel und auf Erden sich neige!

Zu einem Leben im Geist wird auch beständig ein Kämpfen im Geist gehören, denn nichts will der Teufel so hartnäckig vereiteln wie ein Leben der Weihe für Gott. Der Fürst dieser Welt ist sehr darauf aus, solche Jünger Jesu lahmzulegen, die zu einem vollen Bewußtsein ihrer Berufung erwacht sind, die sich entschlossen auf die Seite Gottes stellen gegen Sünde und Unwahrheit!
Es muß unser beständiges Flehen sein, daß uns tiefere Selbsterkenntnis gegeben werde: »Entdecke alles und verzehre, was nicht in Deinem Lichte rein!« Und nichts ist rein in Gottes Augen, was natürlicher Mensch ist. So viel noch natürlicher Mensch in dir ist, so viel ist Gott entgegen in dir. Der natürliche Mensch, auch in dem Gläubigen, streitet wider Gottes Geist. In dem mörderischen Kampf, den der Teufel führt, kämpfen

viele Kinder Gottes mit ihrem unerneuerten We=
sen auf der Seite des Feindes, ohne sich dessen
bewußt zu sein. So halten sie die Sache Gottes
auf und stellen ihr Hindernisse in den Weg, statt
dem Evangelium zum vollen Sieg zu helfen. Das
Schlimmste ist, daß sie sich darüber nicht einmal
klar sind. Würden sie auf das unbehagliche Ge=
fühl in ihrem Inneren achten und ihm auf den
Grund gehen, dann wüßten sie bald, was in ihrem
Denken, Reden und Tun Gott im Weg steht und
jetzt unbedingt getötet werden muß (Röm. 6,
11—13; Kol. 3, 5—10). Wie oft sind wir nicht
wach für Gott! Deshalb kann in unserem Betra=
gen so vieles vor sich gehen, was aufhaltend
wirkt auf unser Verhältnis zu Gott und zugleich
auf das ganze Werk des Herrn.

Tiefere Selbsterkenntnis

Es ist auffallend, wie viele Menschen Gebundene
ihres Ichlebens bleiben und damit Gebundene
des Feindes.
Der Herr ruft: »Machet Bahn, machet Bahn!
Räumt aus dem Wege Meines Volkes und vor
allem aus eurem Herzen jeden Anstoß hinweg
— jedes Hindernis. Denn so spricht der Hohe und
Erhabene, der in der Ewigkeit thront und des=
sen Name der Heilige ist: Ich wohne in der Höhe
und im Heiligtum und bei dem, der zerschlage=
nen und gebeugten Geistes ist, um ihn zu er=
quicken.«

»Bahnet, bahnet die Straße, reinigt sie von Steinen, ebnet in der Steppe eine Straße für unseren Gott! Jede Tiefe muß ausgefüllt, jeder Hügel und Berg erniedrigt werden. Das Höckerichte muß zur Ebene werden und das Hügelige zur Niederung!«

Das ist das große Umwälzungswerk, das leider bei vielen nie geschehen darf. Bei dem Patriarchen Jakob ging die Sonne erst auf am Abend seines Lebens. Sein Lebenstag war bis dahin behindert durch seine Unzerbrochenheit und seinen Mangel an Lauterkeit. Was hätte Jakob für Gott werden können, wenn am Morgen seines Glaubenslebens der große Durchbruch geschehen wäre — der Sieg des Geistes über das Fleisch! (1. Mose 32, 1. 2. 22—32).

Wenn der Geist Gottes durch das Wort überführend und zurechtweisend an mir arbeitet und mich zu tieferer Selbsterkenntnis führt, werde ich auch Fortschritte machen in der Erkenntnis Gottes und in der praktischen Reife!

Selbsterkenntnis führt notwendig zu tiefer Demütigung vor Gott und Menschen. Deshalb scheut der natürliche Mensch vor ihr zurück und will sie nicht. Diese Demütigung aber ist unerläßlich für unser inneres Vorwärtskommen. Nur auf diese Weise gehen wir praktisch Schritt für Schritt ein auf Gottes Urteil über unseren natürlichen Menschen, wie es am Kreuz bereits über ihn ergangen ist. In unserem persönlichen Innenleben sollen wir uns nun Zug um Zug dieser göttlichen Verurteilung beugen und damit prak=

tisch einwilligen in ein immer tieferes Sterben mit dem Herrn Jesus und so uns unter das Wort stellen: »Unser alter Mensch ist mit Christus gekreuzigt worden, damit wir der Sünde nicht mehr zu dienen brauchen und ihr auch wirklich nicht mehr dienen!«

Es gilt also für mich, unter heißem Gebetskampf Schritt für Schritt zu gründlicher Selbsterkenntnis zu gelangen, die Demütigung vor Gott und Menschen zu üben und zu suchen. Demütigung und Selbsterkenntnis führen zu tieferer Reinigung und machen den Weg in unserem Charakter und in unserem praktischen Leben frei für die Offenbarung der Macht des Lebens Christi. Dann geht es in meinem an sich so bedeutungslosen kleinen Leben in Erfüllung, was der Prophet Jesaja in Kap. 40 sagt: »Ebnet den Weg des Herrn, bahnet in der Steppe eine Straße für euren Gott; und die Herrlichkeit des Herrn wird sich offenbaren!«

Gründliche Reinigung und bleibende Befreiung

»Wir alle aber, mit aufgedecktem Angesicht die Herrlichkeit des Herrn anschauend, werden umgestaltet in dasselbe Bild von einer Herrlichkeit zu weiterer Herrlichkeit durch den Herrn, durch Seinen Geist!« Dieses Wort zeigt uns die normale Entwicklung eines Lebens nach der Bekehrung — ein beständiges Umgestaltetwerden in die Gesinnung und Art unseres Herrn. So konnte Stepha=

nus in wenigen Jahren zur vollen geistlichen Reife gelangen und ausrichten, was die Gnade Gottes für sein kurzes Leben vorgesehen hatte. »Ein Mann voll Glaubens und Heiligen Geistes, voll Gnade und Kraft!« Der Herr füllte ihn ganz aus, und deshalb brach auch die volle Ähnlichkeit mit Jesus hier auf Erden schon mit unvergleichlicher Herrlichkeit durch. Fast mit den gleichen Worten wie der Herr Selbst betete er unter den Steinwürfen seiner Mörder: »Herr, rechne ihnen diese Sünde nicht zu!« »Herr Jesus, nimm meinen Geist auf!« Sein Sterben war das herrliche Siegel auf sein kurzes Gott geweihtes Leben. Auch seine Widersacher konnten ihre Augen nicht abwenden von seinem Angesicht, das leuchtete »wie eines Engels Angesicht«.

Wenn ein Gefäß mit wertvollem Inhalt ganz gefüllt ist, so hat nichts anderes Raum darin. Wie vieles aber hat bei den meisten Gläubigen noch Raum neben den Wirkungen der Gnade, die wir nicht verkennen wollen! Sie sind nicht Menschen aus einem Guß, und der herrliche Plan, den Gott über sie gefaßt hat, kommt nicht zur vollen Ausführung (2. Tim. 2, 21).

Die normale Entfaltung des göttlichen Lebens findet überall da statt, wo man das Arbeiten des Geistes Gottes durch nichts aufhält. Das Reifen und Zunehmen im göttlichen Leben geschieht nur unter fortlaufender Demütigung und Zerbrechung. Das ist die bei Kindern Gottes immer neu geforderte Buße, dieses himmlische Geschenk, das der Heilige Geist wirkt und das man auch die

göttliche Traurigkeit nennt. »Eine von Gott ge=
wirkte Betrübnis führt zu jener Reue, die man
hernach nicht missen möchte und die man nicht
bereut, denn sie dient zum Heil.«
Es gilt, mit heiligem Eifer jedem Zug des alten
Wesens, jeder Spur von Ungöttlichkeit zu Leibe
zu gehen. Der Herr Jesus sagt: »Wer nicht haßt ...
sein eigenes Leben, der kann nicht Mein Jünger
sein.« Dieser heilige gewalttätige Haß wird von
uns gefordert, der auch das rechte Auge, wenn es
verführend und hinderlich wirkt, ausreißt und
von sich werfen kann. Man tötet jedes Sünden=
glied und wird so fortgesetzt mehr als Überwin=
der durch Den, der uns geliebt hat.

Gottes Weckruf heute

»Wache auf! Wache auf! Kleide dich, Zion, in
deine Macht! Lege deine Prachtgewänder an, Je=
rusalem, du heilige Stadt! Denn hinfort soll kein
Unbeschnittener und kein Unreiner in dich ein=
treten. Schüttle den Staub von dir ab, erhebe dich
und stehe auf, nimm deinen richtigen Platz ein,
Jerusalem!« (Jes. 52, 1–6).
Wir hören hier durch den Propheten Jesaja einen
Weckruf, der in der Endzeit das weit abgeirrte
Israel aus jahrhundertelanger Gottesferne erweckt
und zu der Gnadenstellung emporhebt, die es
befähigt, im Tausendjährigen Reich an der Spitze
der Nationen zu stehen. Welch eine Erweckung
wird dies sein! (Hes. 37, 1–14).

Auch heute soll dieser Weckruf allen Heil brin=
gen, die ihm Folge leisten. Es gilt auch von die=
sem Wort, was die Sendschreiben in der Offen=
barung begleitet: »Wer ein Ohr hat, der höre,
was der Geist den Gemeinden der Kinder Gottes
sagt!«
Der Weckruf ertönt! Wer läßt sich wach machen?
Es kommt darauf an, daß das innere Ohr des
Herzens sich auftut für das, was der Geist Gottes
uns zu sagen hat! Dies ist Sache allerpersönlich=
ster Verantwortung des einzelnen!
Nicht umsonst ist es ein doppeltes »Wache auf!«
Der erste Weckruf hat uns zur Bekehrung ge=
führt, aber wir bedürfen immer neu der erwek=
kenden, belebenden Kräfte des Geistes Gottes,
denn wir sind beständig der einschläfernden At=
mosphäre dieser Welt ausgesetzt. »Als sie aber
völlig aufgewacht waren, sahen sie Seine Herr=
lichkeit!« Wie viele Kinder Gottes versäumen und
verträumen die ganze Herrlichkeit, die ihnen auf
Erden zu schauen und zu erlangen von der ewi=
gen Liebe bestimmt war!
»Und nun noch dies: Ihr wißt ja, in was für einer
Zeit wir leben! Die Stunde ist gekommen, da wir
völlig aus dem Schlaf aufwachen müssen; denn
ganz nahe gerückt ist jetzt unsere Herausrettung
aus der Welt zum Himmel — viel näher als zu
der Zeit, da wir bekehrt wurden!« »Wache auf,
der du schläfst, und stehe auf aus den Toten;
dann wird Christus in Seiner vollen Herrlichkeit
dir leuchten!«

Die Kraft von oben, Herr,
Die Du verheißen hast —
O gib, daß sie mein Herz erfaßt:
Nichts brauche ich so sehr!
Nimm mir die Müdigkeit
Und jede Sorge fort;
Den frischen Tau aus Deinem Wort
Gib Deinem Kinde heut!
Gib einen willgen Geist
Und ein gesundes Herz,
Das dieser Welt in ihrem Schmerz
Die Liebe Gottes weist!

Kleide dich in deine Macht

»Kleide dich, Zion, in deine Macht; lege deine Prachtgewänder an, Jerusalem!« Gerade in unseren Tagen will der Herr Seine Geliebten aufwecken zu einer neuen Stufe der Freude und Kraft — etwa wie eine Mutter ihr Kind am Geburtstagsmorgen aufweckt zu einem besonderen Tag der Freude. Unser Herr hat eine Fülle von Freuden vor Seinem Angesicht bereit, von denen wir bisher noch kaum etwas ahnen — für die Er aber jetzt bei uns Verständnis wecken will. Zion soll das herrliche Gewand göttlicher Geistesmacht anlegen, das ihr von Gott bereitgelegt ist, wie einst für Aaron und seine Söhne besondere Kleider der Herrlichkeit und des Schmuckes gefertigt waren (2. Mose 28, 2).

Auch wir sind zu hohen Priesterdiensten berufen

und werden dafür mit Kräften aus der zukünftigen Welt ausgestattet! »Hoch erfreue ich mich in dem Herrn; jubeln soll meine Seele in meinem Gott! Denn Er hat mich bekleidet mit den Kleidern des Heils, den Mantel der Gerechtigkeit mir umgetan — wie ein Bräutigam, der den Kopfschmuck nach Priesterart anlegt, und wie eine Braut sich schmückt mit ihrem Geschmeide.«
Jeden Morgen dürfen wir uns kleiden in die Kleider unserer geistlichen Macht! »Laßt euch erneuern in dem Geist eurer Denkungsart, und zieht den neuen Menschen an, der nach Gott geschaffen ist in wahrhaftiger Gerechtigkeit und Heiligkeit!« »Seid stark in dem Herrn und in der Macht Seiner Stärke!« David rühmt den Herrn, der »ein Schild ist allen, die auf Ihn trauen« — den Gott, »der mich mit Kraft umgürtet, der meinen Weg ebnet und mich hinstellt auf meine Höhen«. Kind Gottes, ergreife deine Macht, betritt die Höhen, die dir bestimmt sind! Glücklich die, welche mit ihrem Herzen und mit ihrem Eifer die ganze Höhe des Planes Gottes ergreifen und ihn um jeden Preis in ihrem Leben zur Durchführung bringen wollen!

»Lege deine Prachtgewänder an!« Wir denken bei diesen Prachtgewändern an jene unvergleichlichen Eigenschaften, die unser Ruhm und unser Schmuck sein sollen und die die Wirkung des in uns wohnenden Geistes sind. »Die Frucht des Geistes aber ist Liebe, Freude, Friede, Langmut, Freundlichkeit, Gütigkeit, Treue, Sanftmut, Enthaltsamkeit!« »Darum kleidet euch als die Auserwählten

Gottes, als Seine Heiligen und Geliebten, in herz=
liches Erbarmen, in Güte, in Demutsgesinnung,
Milde und Langmut. Ertragt einander und übt
gegenseitige Nachsicht. Verzeiht einander gern,
wenn einer dem anderen etwas vorzuwerfen hat.
Ja, so wie der Herr Jesus euch vergeben hat, ver=
gebt auch ihr! — Vor allem hüllt euch in das Ge=
wand der Liebe, denn sie verbindet all die ge=
nannten Eigenschaften zur Vollkommenheit!
Wenn ihr so miteinander umgeht und voran=
geht, dann wird der Friede, der Christi eigenes
Herz erfüllt, auch in euren Herzen regieren, und
dazu seid ihr ja berufen als die, welche den einen
Leib Christi bilden.«

> Komm, Geist der Gnade, durchziehe
> Lebenerweckend das Land,
> Damit es überall blühe,
> Wo Eis und Schnee noch bestand!
>
> Göttlicher Frühling, durchdringe
> Mein ganzes Wesen mit Dir —
> Blumen ins Wüstenland bringe,
> Schaffe ein Neues in mir!

Kein Unbeschnittener, kein Unreiner darf eintreten

Jahrhundertelang ist Jerusalem von heidnischen
Völkern zertreten worden. Unbeschnittene haben
es herabgewürdigt; doch wenn Zion für das Tau=

sendjährige Reich erweckt wird, ist der große Wendepunkt gekommen. »Hinfort soll kein Unbeschnittener — kein Unreiner in dich eintreten!« Ebenso heißt es von dem himmlischen Jerusalem: »Die Straßen der Stadt sind reines Gold wie durchsichtiges Glas. Nicht wird in sie eingehen irgend etwas Gemeines und was Greuel und Lüge tut, sondern nur, die geschrieben sind in dem Buch des Lebens des Lammes« (Offb. 21, 21—27).

Wie vieles kann man noch im Herzen, in der Gedankenwelt haben, was vor Gott nicht bestehen kann: Oberflächlichkeit, Hochmut, Eifersucht, Neid und Unreinheit! Es braucht nicht länger so zu sein, denn für die Reinheit und für die Freiheit hat Christus uns freigemacht! Kein Erlöster soll das Joch einer Sünde, einer Knechtschaft tragen. Paulus sagt: »Wir nehmen jeden Gedanken gefangen und machen ihn Christus, unserem erhöhten Herrn, untertan!« Heute ist der große Wendepunkt für solche, die noch gebunden sind! »Gott sei der Dank dafür dargebracht, daß eure Sündenknechtschaft für immer hinter euch liegt, und daß ihr von Herzen dem Evangelium gehorsam geworden seid!« »Ihr seid von der Herrschaft der Sünde freigemacht und steht im Dienste Gottes. So bringt ihr eure Frucht in der Weihe für Gott, und das Endziel ist das ewige Leben!«

Ein neues Leben voll selger Freud
Will Jesus geben auch dir noch heut!
Mit offnen Armen steht Er jetzt hier,
Sagt voll Erbarmen: »Komm her zu Mir!«

Ein neues Leben, der Sünde fern,
Will Jesus geben dir heut so gern.
Die stärksten Ketten bricht Er entzwei;
Komm, laß dich retten, dann wirst du frei!

Ein neues Leben voll Fried und Ruh
Will Jesus geben, was zögerst du?
Laß nicht beiseite Ihn, der dir naht,
Ergreif noch heute die völlge Gnad!

Schüttle den Staub ab

»Schüttle den Staub von dir ab, erhebe dich und stehe auf! Nimm deinen richtigen Platz ein, Je= rusalem!« Verstaubten Gegenständen merken wir an, daß sie nicht täglich gebraucht werden. Ein Erlöster, der sich nicht täglich seinem Herrn zur Verfügung stellt und sich nicht täglich von Seinen Lebenskräften durchdringen läßt, »ver= staubt« in seinem Inneren. Wie groß ist die Gnade der täglichen Reinigung durch das Wort Gottes! Der Herr Jesus sagt zu Petrus: »Wenn Ich dich nicht wasche, so hast du keine Gemeinschaft mit Mir.«
Nachdem wir einmal die Reinigung bei unserer Bekehrung erfahren haben, will der Herr Jesus täglich durch Sein Wort reinigend an uns weiter= wirken, so daß wir Ihm in einem geheiligten Le= ben Frucht bringen können. Wenn wir uns aber den gnadenvollen Dienst des großen Hohenprie= sters lange nicht gefallen ließen, so gilt es jetzt,

unter tiefer Beugung zu einem Bewußtsein unserer eigentlichen Berufung zu erwachen.

Wie einst Simson, so dürfen wir erwachen und uns herausschütteln, um unseren Platz als Abgesonderte für den Herrn einzunehmen. Bist du dir bewußt, welches dein Platz ist in der heiligen Gemeinschaft der Familie Gottes und welche Aufgabe du als Glied des Leibes Christi zu erfüllen hast? Schüttle den Staub der Selbstsucht, der Trägheit, des Hochmuts und des Eigenwillens von dir ab! Hebe deine Seele empor zu den lichten Höhen, die dir bestimmt sind! »Wandle im Geist, so wirst du dem Begehren des Fleisches keinen Raum mehr lassen.«

»Mache dich los von den Fesseln deines Halses, du gefangene Tochter Zion!« Gott verlangt von Seinen Kämpfern ein völliges Durchbrechen zur Freiheit. »Bist du verstrickt und gefangen durch die Worte deines Mundes oder durch irgendeine Sünde, so reiße dich los, da du in deines Feindes Hand gekommen bist! Gehe hin, wirf dich nieder und bestürme Gott! Gestatte deinen Augen keinen Schlaf und keinen Schlummer deinen Wimpern — reiße dich los wie ein Reh aus der Hand des grausamen Jägers und wie ein Vogel, der noch gerade eben aus der Hand des Vogelstellers entfliegt!« — Eine gefangene Tochter Zion, welch ein Widerspruch! »Damit ihr auch wirklich frei seid und in der Freiheit des Geistes wandelt und bleibt, hat Christus euch um einen solch hohen Preis freigemacht. Besteht nun fest darauf und laßt euch nicht von neuem unter ein

Joch der Knechtschaft spannen.« Christus nützt euch nichts, und alle Erkenntnis christlicher Wahrheit nützt euch nichts, wenn ihr nicht einfach im Glauben die wunderbare Freiheit und Segnung ergreift, die Er euch so teuer erkauft hat!

VOM BETEN IM GEIST

Gebet ist der höchste Dienst für Gott. Dieser Dienst ist aufrichtigen Herzen möglich. Das Gebet des Glaubens ist die einzige Kraft im Weltall, durch die unser allmächtiger Herr Sich beeinflussen läßt! Mein Glaube lehrt mich, daß das wahre Gebet von der größten Wirkungskraft ist. Ein Tag, im Gebet vor Gott zugebracht, ist kein verlorener Tag! Man hat so leicht die Meinung, Beten sei Nichtstun; aber das ist ein Betrug des Feindes, der Furcht hat vor unseren inständigen Gebeten! Er weiß, daß ihm, dem Fürsten der Finsternis, der größte Abbruch geschieht, wenn ein vertrauender Beter auf seinen Knien liegt vor Gott.

Das bewußte Einssein mit dem Herrn Jesus ist eine der wesentlichsten Bedingungen für ein erhörliches Beten: »Wenn ihr in Mir bleibt und Meine Worte in euch bleiben, so werdet ihr bitten, was ihr wollt, und es soll euch zuteil werden!« Kann und will Gott nicht heute dieselben Wunder tun, wie Er sie zu anderen Zeiten getan hat? »Die Augen des Herrn durchlaufen die ganze Erde, daß Er Sich mächtig erzeige im Leben derer, deren Herz ungeteilt auf Ihn gerichtet ist!« Herr, gib mir einen ganz praktischen Glauben, der sich all Deine Zusagen zunutze macht!

Wenn wir fragen: »Wo ist der Herr, der Gott des Elia?«, so lautet die Antwort: Er offenbart Sich da, wo sich ein Elia findet, der wirklich »mit Gebet betet« (Jak. 5, 16—18). Das Gebet des Glaubens veranlaßt Gott, Seine Macht in der Welt zu offenbaren zum Heil Seiner Sache und Seiner Geliebten. Gott erlaubt uns, in tiefer Demut, doch voll Zuversicht im Gebet zu fordern. »Fordere von Mir, und Ich will dir zum Erbteil geben die Völker und zum Besitztum die Enden der Erde.« Auf diese Aufforderung hin haben sich von alters her bis auf den heutigen Tag Männer und Frauen auf den Gebetsaltar gelegt, und so wurde die Sache Gottes lebendig erhalten und vorangeführt.

Gebet ist die Grundlage eines gesegneten und geheiligten Dienstlebens! Der Herr Jesus hat hier auf Erden den verborgenen Umgang mit Gott allem anderen vorangestellt, und Seine Jünger haben sich Sein Vorbild zu eigen gemacht. Darum wollen auch wir unsere heiligste Pflicht erfüllen — das Gebet vor Gott! Was auch zu tun sei, haltet daran fest! Vernachlässigt ihr das Gebet, so kann eure Seele und euer Werk nicht gedeihen.

Die verborgene Gebetsarbeit bringt großen Reichtum ein! »Als sie gebetet hatten, bewegte sich die Stätte, wo sie versammelt waren, und sie wur=

den alle mit Heiligem Geist erfüllt und redeten
das Wort Gottes mit Freimütigkeit.« »Der Herr
aber tat täglich zu der Versammlung hinzu, die
gerettet werden sollten!«
Es kann natürlich auch ein Mensch Tag und Nacht
beten und dabei im Selbstbetrug leben. Soll sich
aber deshalb das aufrichtige Kind Gottes vom
Gebet abhalten lassen? »Mein Schild und Schutz
ist bei Gott, der die von Herzen Aufrichtigen
rettet! ... Sein Angesicht schaut den Aufrichti=
gen an!« »Freut euch in dem Herrn und froh=
locket, ihr Gerechten, und alle ihr von Herzen
Aufrichtigen! Den Aufrichtigen geziemt Lobge=
sang!«

Ist ein Ding unmöglich? Gott erhört Gebet!
Ist kein Ausweg möglich? Gott kann, und es geht.

Gott kann, und es fallen Mauern über Nacht.
Gott kann, und zertreten ist des Feindes Macht.

Gott kann, Gott kann! Nichts ist Ihm zu wunderbar!
Gott kann, Gott kann! O vertrau Ihm ganz!

Dem Glaubenden ist alles möglich

Zu allen Zeiten war dem Glauben alles mög=
lich, denn dem vertrauensvollen und geheiligten
Beter enthält Gott nichts vor: »Der Herr ist
Sonne und Schild, Gnade und Herrlichkeit wird
Er geben — kein Gutes vorenthalten denen, die

in Lauterkeit wandeln. Du Herr der Heerscharen, glückselig der Mensch, der auf Dich vertraut!«
Wer in der Welt des Gebets lebt, ist in eine Welt der Vorrechte versetzt. Er darf die Kräfte der zu= künftigen Welt herabholen in unsere Welt der Not. Durch ihren Glauben und ihre Gebete ha= ben Heilige Gottes in ihren Tagen eine neue Zeit heraufgeführt — ein Mose, ein Esra, ein Da= niel, ein Elia, eine Hanna und ein Samuel! (Matth. 17, 17—21).
Wie wichtig ist es, daß solche Menschen Gottes die glaubens= und gebetsstarken Nachfolger ha= ben, die das überkommene Segenserbe in seiner Kraft aufrechterhalten und weiter auszukaufen wissen für Gott und für Sein Volk! Als Mose wußte, daß die Zeit seines Abscheidens da war, betete er: »Es bestelle doch der Herr, der Gott, der aller Menschen Inneres kennt, einen Mann über die Gemeinde Israels, der vor ihnen her aus= und einziehe und der sie aus= und einführe, damit die Gemeinde des Herrn nicht sei wie Schafe, die keinen Hirten haben.«
Unsere alte Natur ist ein großes Hindernis für wahres Gebet. Solange ein Kind Gottes nicht bereit ist, seine natürliche Art in den Tod zu ge= ben, solange ist dauernder Gebetsumgang mit Gott nicht möglich. Der natürliche Mensch ist auch einmal schnell entflammt für das Gebet, aber beständiges Gebet hat seine Vorbedingun= gen. Nur indem wir unter demütigenden, schmerz= lichen Erfahrungen erkennen: »Ohne Mich könnt ihr nichts tun!«, lernen wir den Herrn Jesus

hineinnehmen in die stürmische Fahrt durch den Tag. Wir lassen Ihn teilhaben an jeder Sorge, an jeder Last, an jeder Freude. »Vor Dir ist all mein Begehr, und mein Seufzen ist vor Dir nicht verborgen. Meine Seele wartet auf Dich; denn meine Hilfe und mein Schutz bist Du!« »Dem aber, der euch zu bewahren vermag, daß ihr nicht zu Fall kommt, und der es euch schenken kann, vor Seiner Herrlichkeit tadellos und mit jubelnder Freude zu erscheinen — dem alleinigen Gott, unserem Retter durch unseren Herrn Jesus Christus, Ihm gebührt die Herrlichkeit und Majestät, Macht und Gewalt — wie vor aller Zeit, so auch jetzt und in alle Ewigkeit! Amen.«

Heiliger Gebetsgeist

Der Mensch des Geistes kann nicht bestehen ohne Gebet. Wenn ich das Gebet vernachlässige, bin ich nicht mehr ein Mensch des Geistes! Jede Unterbrechung unserer Verbindung mit Jesus bedeutet eine Unterbrechung unseres Gebetslebens. Es kommt aber eine Zeit im Leben des Kindes Gottes, wo es aus innerstem Herzen heraus erkennt: Täglicher Umgang mit Gott bedeutet alles für mich! Wenn du Gemeinschaft mit dem Herrn Jesus hast, dann lebst du in einer Atmosphäre des Gebets.

Auch der Herr Jesus lebte, solange Er hier auf Erden war, in beständigem Umgang mit dem Vater: »Er hob Seine Augen auf und sprach: Va=

ter!« Und nun betet Er als unser großer Hoher=
priester beständig für alle, die sich Ihm anver=
traut haben (Hebr. 7, 24. 25). Und wenn wir
Ihm in Wahrheit anhangen, teilt sich uns der=
selbe heilige Gebetsgeist mit. Ja, über alle, die
Ihm nahestehen, schüttet Er den Geist der Gnade
und des Flehens aus.

Ein Mensch des Geistes hat als ersten Lebens=
zweck und höchstes Lebensziel die Verherrlichung
Gottes im Auge, wie der Herr Jesus im Leben
und Sterben das eine Flehen hatte: »Vater, ver=
herrliche Deinen Namen!« Petrus sagt im Blick
auf alle geistlichen Gaben und Dienste: »Auf
daß in allem Gott verherrlicht werde durch un=
seren Herrn Jesus Christus!« Wer sich zu dieser
Höhe nicht emporhebt in seinem Gebetsleben,
verzichtet damit auf die Mitarbeit des Heiligen
Geistes, denn Jesus sagt von dem Heiligen Geist:
»Er wird Mich verherrlichen!« Nur wenn Gott dir
so herrlich und groß wird, daß Seine Ehre und
Sein Ruhm dir über alles wichtig ist, wirst du
frei werden von der feinen und versteckten Selbst=
liebe, die bei vielen Gläubigen der Grund ihrer
Kraftlosigkeit im Gebet ist. »Das Opfer derjeni=
gen, die über Seine Gesetze hinweggehen, ist dem
Herrn ein Greuel; dagegen ist das Gebet der Auf=
richtigen Sein Wohlgefallen! Fern ist der Herr
von denen, die Seine Gebote mißachten; aber das
Gebet der Gerechten hört Er!«

Wie wichtig ist die Ausdauer im Gebet und in
der Gemeinschaft mit dem Herrn Jesus! »Ver=
harrt im Gebet, geliebte Brüder; ja, bleibt be=

tend in Fühlung mit Gott! Seid wachsam dabei und mit Danksagung erfüllt!« Es ist ein gewaltiges Wort, das unser Herr Jesus spricht: »Wahrlich, wahrlich, Ich sage euch, wer sein Vertrauen auf Mich setzt, der wird auch die Werke tun, die Ich tue, und er wird größere tun als diese, weil Ich ja für euch zum Vater gehe.« »Denn was irgend ihr bitten werdet im Gebet in Meinem Namen, das will und werde Ich tun, damit der Vater verherrlicht werde in dem Sohne.«
Wie leicht brennt die Flamme unseres inbrünstigen Ringens und Flehens herab — wie leicht lassen wir nach im Eifer und Ernst, in der Dringlichkeit des Gebets, in der Stärke unseres Vertrauens! Und doch: »Unser Vertrauen ist der Sieg, der eine ganze Welt überwindet!« — Weltüberwindender Glaube — welch eine Macht! (Hebr. 11, 33. 34).

Erstarken im Geist — erstarken im Gebet

Das gemeinsame Gebet hat seine besonderen Verheißungen, und wir dürfen es üben. Aber es ist wichtig, daß wir in erster Linie das Alleinsein mit dem Herrn suchen und täglich unsere Kraft und Freude vor Seinem Angesicht finden. So erstarken wir im Geist. Das lesen wir von Johannes dem Täufer, der von früh an die Einsamkeit mit Gott suchte. Der Herr gibt ihm das Zeugnis: »Er ist ein brennendes und leuchtendes Licht« — eine lodernde Flamme für seinen Gott (Luk. 1, 65. 66. 76. 80; 3, 1—4).

Beten ist in Wirklichkeit ein Arbeiten mit Gott. »Wir sind Gottes Mitarbeiter.« Ein dem Thron Gottes nahestehender Christ hat Einfluß auf die großen und kleinen Geschehnisse auf Erden, denn er steht in engster Fühlung mit dem Allerhöchsten, dessen Wille alles beherrscht und regiert.

Man muß »im Rate Gottes stehen«, wenn man Gottes Auftrag in dieser Welt erfüllen will. Von den falschen Propheten spricht der Herr: »Hätten sie in Meinem Rat gestanden, so würden sie Mein Volk Meine Worte hören lassen und es abbringen von seinem bösen Wege und von der Bosheit seiner Handlungen.« »In die Risse seid ihr nicht getreten, und die Mauer habt ihr nicht vermauert.« »Und Ich suchte einen Mann unter ihnen, der die Mauer zumauern und vor Mir in den Riß treten möchte für das Land, auf daß Ich es nicht verderbte, aber Ich fand keinen!« Wir sehen hier, was unser Gott dem Glauben und der Gebetskraft Seiner Knechte zumutet. »Das Gebet eines Gerechten vermag viel!« Ja, von Gott gewirkter Glaube, der im Gebet seinen Ausdruck findet, ist eine Macht. Er hat Gott Selbst hinter sich und für sich und vor seinen Augen: »Meine Augen sind stets auf den Herrn gerichtet, denn Er wird meine Füße herausführen aus dem Netze!« — Herr Jesus, offenbare die Macht Deines Namens!

Wunderbarer Name! hilfreich — stark bist Du!
Herrsche in uns allen — führ dem Sieg uns zu!

Über alle Namen bist Du hoch erhöht,
Und vor Deinem Leuchten Erdenglanz vergeht!
Dieser Name löst der Sündenketten Macht,
Satan wird gebunden — Jesus hat's vollbracht!
Für die freie Seele bricht der Morgen an,
Weil sie nun dem Lamme freudig folgen kann!

Im anhaltenden Gebet liegt unsere Kraft

»Betet ohne Unterbrechung!« Nachlassen im Gebet heißt Gott aufhalten, denn unsere Glaubensgebete bilden die Verkehrslinie zwischen Himmel und Erde. Sie sind die Leiter, auf der Gott Seine Engel auf= und niedersteigen läßt im Dienst Seiner Auserwählten. Auf den Schienen unserer Glaubensgebete sendet Gott die Güterzüge Seiner geistlichen und irdischen Segnungen!
Die Apostel hielten das Gebet mit dem Erforschen des Wortes Gottes für den bedeutsamsten Teil ihrer geistlichen Arbeit. Sie wußten: »Unser Vertrauen ist der Sieg, der eine ganze Welt überwindet« (Apg. 6, 4). Durch Gebet atmen wir göttliches Leben und göttliche Kraft ein; durch Gebet atmen wir sie auch wieder aus an dem Platz, wo wir stehen.
Sobald wir aber nicht mehr ganz auf Gott und Seine Verherrlichung gerichtet sind, sondern uns selbst und unsere geistlichen Eigenschaften und Erfolge betrachten, ist die Kraft und die Segnung dahin. Wir verlieren den Blick auf die weite Welt voll Sünde und Unglück, für die wir kämpfen

und beten sollen. Die Kraft Gottes wirkt nicht mehr in uns.

Dem Teufel liegt alles daran, den Gebetsstreiter matt zu setzen. Denken wir an Simson! Die Philister bestachen Delila, und sie lockte ihm das Geheimnis seiner übernatürlichen Stärke ab. Als er in tiefem Schlaf lag, ließ sie ihm sein Haar, das Bild seiner Abhängigkeit von Gott, abschneiden. Nun war seine Stärke von ihm gewichen — der Herr war von ihm gewichen! »Und Simson wußte nicht, daß der Herr von ihm gewichen war« (Richt. 16).

Wie empfindungslos werden wir, wenn wir das Geheimnis des Sieges, das Geheimnis unserer verborgenen Verbindung mit Gott preisgeben — das anhaltende Gebet!

Sünde und Verkehrtheit macht wahres Beten unmöglich

»Wenn ich es in meinem Herzen auf Frevel abgesehen hätte, so würde der Herr nicht gehört haben« (Ps. 66, 18). Es gibt ein Im=Herzen=der=Sünde=Zustimmen, das sich nach außen zeigt in einem Geschehenlassen von Dingen, die nicht recht sind. Man redet sich und andern vor: O das ist nichts Böses, so kleinlich wollen wir nicht sein, das ist harmlos! Und doch sind wir innerlich beunruhigt. Wir fühlen, daß etwas nicht in Ordnung ist; aber ein geheimes Band ist da zwischen uns und dem Verkehrten, so daß wir den

Kampf nicht aufnehmen und uns nicht ernstlich davon losmachen wollen. Ist es so, dann denke nicht, daß du mit Kraft vor Gott treten und er= hörlich beten kannst. Gott erwartet von uns, daß wir mit heiligem Eifer gegen alles Ver= kehrte angehen — daß wir in Gegensatz treten zu jeder bösen und unrechten Sache! »Bis jetzt habt ihr im Kampf mit der Sünde euer Leben noch nicht voll und ganz eingesetzt — ihr noch nicht bis aufs Blut Widerstand geleistet!«

Der Apostel Paulus wurde innerlich bewegt, als er auf seinem Weg durch Athen die vielen Göt= zenaltäre sah. Es war ihm furchtbar, daß der Teufel diese armen Menschen so irreführte. Er mußte ihnen die Botschaft von dem lebendigen Gott bringen, der auch sie so sehr liebte, daß Er Seinen eingeborenen Sohn für sie gab (Apg. 17, 16—34).

Wenn ich mit Kraft und Freimütigkeit beten soll, so muß, so viel an mir ist, auch alles Trennende zwischen mir und meinen Mitgläubigen hinweg= geräumt werden (Matth. 5, 23—25; Mark. 11, 25. 26). Es muß der Geist der Liebe und der Herzlichkeit unter uns regieren, wenn wir freu= dig und erhörlich miteinander beten wollen. Wäre es in unseren Gebetsstunden nicht manchmal am Platz, wir würden die erste halbe Stunde dazu benützen, uns in Liebe gegenseitig auszuspre= chen, uns zu beugen und so freie Bahn zu schaf= fen in unseren Herzen und in unseren Kreisen? Wie ganz anders würde dann der Strom des Ge= bets fließen!

»Eure Sünden bilden eine Scheidewand zwischen euch und eurem Gott, daß Er nicht auf euch hört!« Manche Christen haben sich einen Berg von Sünde aufgehäuft, der sie trennt von Gott und voneinander. Wie wollen sie beten? — Beten heißt nicht nur zu Gott kommen und Ihn um etwas bitten. Wirkliches Beten bedeutet vor allen Dingen Gemeinschaft mit Gott haben und unter die Heiligkeit Seiner Macht und Liebe gebracht werden, so daß Er immer völliger von uns Besitz nimmt und unserem ganzen Wesen die Demut und die Liebe Christi aufprägt, die das Geheimnis aller wahren Anbetung ist.

Gott ist allerdings so gütig, daß Er auch die Gebete unlauterer Herzen oft erhört. Wir wollen uns aber kein Ruhekissen daraus machen, wenn wir allerlei Verkehrtes in unserem Herzen dulden und dennoch Gebetserhörungen erleben dürfen, denn »Gottes Güte will uns zur Buße leiten«! Aber niemals wird Gott das Böse gut heißen oder das Verkehrte rechtfertigen. »Es kommt der Tag, da Gott das Verborgene der Menschen richten wird durch unseren Herrn Jesus Christus entsprechend dem Evangelium!« »Und dies ist die Botschaft, die wir von Ihm gehört haben und euch verkündigen: Gott ist Licht, und gar keine Finsternis ist in Ihm« (1. Joh. 1, 5—10).

»Weichet, weichet, gehet von dannen hinaus, rühret nichts Unreines an! Gehet hinaus aus ihrer Mitte, reinigt euch, die ihr die Geräte des Herrn traget!«

Aus heiliger Liebe geborene Fürbitte

Es ist etwas Hohes, daß Gott Beter hineinzieht in Seine Gedanken, in Seine Pläne, in Seine Geheimnisse! Wir werden erinnert an Abraham. Gott sprach: »Sollte Ich vor Abraham verbergen, was Ich tun will?« Abraham war ein Mann der Einfalt und des Gebets, ein Mann des Alleinseins mit Gott (1. Mose 18, 16—33). Deshalb konnte Gott ihn auf die Höhe führen und ihn wissen lassen, welche Stunde für Sodom geschlagen hatte. Hätte Abraham nun in sein Zelt zurückkehren und sich seines Friedens freuen können, nachdem er wußte, was Sodom bevorstand? Er konnte nicht einfach nur dem Herrn danken, daß er selbst geborgen war in der Gnade Gottes, und die Stadt Sodom ihrem Schicksal überlassen! Nein, er hatte ein Herz voll Erbarmen für die vielen Menschen, und es drängte ihn, den Herrn anzuflehen für die Rettung dieser Stadt. Es waren allein Abrahams Gebete, die es erreichten, daß der einzige Gerechte, der noch in der Stadt war, mit den Seinen dem Untergang entrann!

Vielen Gläubigen geht das mitfühlende Herz verloren. Sie vergessen, daß auch sie durch heißes Ringen anderer aus ihrem Sündenverderben herausgerissen wurden und daß sie nun die gleiche Aufgabe und Verantwortung haben, für andere zu ringen, wie es einmal für sie geschah. Abraham sagte nicht: Sodom ist ein hoffnungsloser Fall, es kann nicht gerettet werden! Menschen, die vor Gott stehen, halten alles für möglich, was die Gnade zu tun vermag — auch noch im letzten Augenblick! Denn die Liebe Gottes, die ausgegossen ist in unsere Herzen durch den Heiligen Geist, »sie hofft alles, und ihr Glaube kennt keine Grenzen« (1. Kor. 13, 7). Abrahams Gebete hatten bei Gott die Macht, das Strafgericht über Sodom so lange aufzuhalten, bis Lot entronnen war. Unsere Macht im Gebet — die Kraft unseres Flehens soll und kann so groß sein, daß wir verkehrte Menschen und untreue Glieder des Volkes Gottes »abbringen können von ihrem bösen Wege«.

Wir dürfen Beharrlichkeit lernen und Ausdauer üben im Flehen vor Gott: »Abraham blieb stehen vor dem Herrn!« Er trat dem Allmächtigen nahe in voller Gewißheit der Erhörung und mit ebensoviel Ehrfurcht als Freimütigkeit. Obsiegende Fürbitte ist denen unbekannt, die nur dann und wann das Angesicht Gottes suchen. Man muß gelernt haben, im Licht des Angesichts des Königs zu bleiben, im Verborgenen des Höchsten zu wohnen (Ps. 91, 1—16). Wenn auch die Berge ins Meer sinken, so bleibt Gott dennoch in Seiner Macht und Treue Derselbe, als den wir Ihn von jeher kannten. Auch bei großen Umwälzungen brauchen wir uns nicht zu fürchten. Selbst Gottes Gerichtstaten bestärken uns nur in unserem Vertrauen und in unserer Ehrfurcht — auch in unserem Sicherheitsgefühl bei unserem Gott.

Hast der Sterbenden Ruf du vernommen,
Die kein Licht in der Dunkelheit sehn?
Merkst du nicht, wie die Stunde gekommen,
Daß entschlossene Zeugen aufstehn?
Herr, weil Du mich erwählt
Für die sterbende Welt,
Geb ich Dir, o mein Meister, mein Leben!

Bete kraftvoll weiter

Anhaltendes, ausdauerndes Flehen bedeutet, daß du nicht nachläßt, zum Herrn zu rufen, bis die volle Erhörung da ist! Du kommst wieder und wieder zum Thron der Gnade, bis du die volle Antwort und Hilfe erlangt hast. Das dürfen wir aus der Geschichte der Witwe in Lukas 18 lernen. Jedes unserer Gebete, auch wenn es jetzt noch nicht erfüllt ist, hat seinen Wert und sein Gewicht. Wenn das Maß unserer Gebete für einen Menschen oder für eine Sache voll ist, dann zählen alle mit, und die Erhörung ist da. »Zieht sich's oft auch lang hinaus, es wird doch ein Amen draus!«

Ich sehe vor mir eine altmodische Briefwaage mit zwei Schalen. Auf der einen Seite lege ich ein Gewicht ein, auf der anderen Seite ein Briefkärtchen um das andere. Die Waage rührt sich nicht. Die Kärtchen bewirken scheinbar gar nichts. Doch auf einmal neigt sich die Schale. Das 24. oder 25. Kärtchen, das letzte, hat den Ausschlag gegeben. Das Gewicht hebt sich, der

Sieg ist gewonnen! Sind die ersten 23 Kärtchen vergeblich gewesen? Haben sie durch ihr Gewicht nicht mitgeholfen, die Waage zu wenden? So ist es mit all den vielen Gebeten, die wir schon zu Gott emporgesandt haben. Sie helfen alle mit (1. Kön. 18, 41—46).

Man muß sich im Gebet und Gebetsleben üben und sich vom Geiste Gottes darin erziehen lassen! Wer es in einer äußeren Fertigkeit, z. B. im Klavierspiel, zu einer Gewandtheit bringen will, die über die Mittelmäßigkeit hinausgeht, der muß sich ganz energisch und andauernd üben. Es gilt, jeden Tag mit den gleichen Übungen zu beginnen und fortzufahren, bis sie uns in Fleisch und Blut übergegangen sind! Und dann kommt gleich eine neue, schwerere Lektion.

Wir dürfen diese Erfahrung verwerten fürs geistliche Leben: Wie ernstlich wollen wir uns üben im Nahen zu Gott — im Flehen vor Ihm! Das Gebet ist unsere mächtigste Waffe im Kampf für Gott und die Seelen, aber schmerzlicherweise auch die Waffe, in der das Volk Gottes am wenigsten geübt ist. Den jungen Christen in Thessalonich schreibt Paulus: »Betet ohne Unterlaß!«, das heißt regelmäßig, ohne daß ihr es heute oder morgen unterbrecht. Der Prophet Daniel ist uns darin ein Vorbild. Dreimal am Tag suchte er das Angesicht Gottes. Er scheute sich nicht vor den Beamten im Ministerium des heidnischen Weltreiches, von dringenden Arbeiten wegzugehen und sich zum Gebet zurückzuziehen. Er achtete das Gebet als den höchsten Dienst vor Gott (Dan. 6, 1—29).

O Herr, erhöre unser Flehn
Für weit verirrte Seelen,
Die ungenannt verlorengehn —
Du kennst ihr heimlich Quälen!

Du siehst, wie sie in Scharen ziehn
Dem Abgrund schnell entgegen.
O tritt, Erlöser, vor sie hin,
Entreiß sie diesen Wegen!

Ein Kampf geistlicher Macht gegen geistliche Mächte

Wenn wir fortschreiten im Gebetsleben, in der Gemeinschaft mit unserem Herrn, der im Himmel thront, so wird unser Flehen immer mehr ein Kampf geistlicher Macht gegen geistliche Mächte — nämlich gegen die Mächte der Bosheit in den himmlischen Örtern (Eph. 6, 10—20). Welch ein Maß von innerer Kraft ist dazu nötig! Wir können sie uns nur Schritt für Schritt aneignen, wenn wir täglich vorangehen auf dem Weg der Heiligung, des Vertrauens und des Gebets.

Unser Beten kann und muß vielfach zum geistlichen Handgemenge werden zwischen uns und dem Feind. Beide Teile — der Gebetskämpfer und der Feind — ringen aufs heißeste um die Oberhand. Der Kampf geht in aller Stille vor sich — in ganz vereinzelten Gebetskammern — in der unsichtbaren Welt. Nur die Beter, die in heili=

ger Energie durch alle Hindernisse hindurch vordringen bis ganz nahe an den Thron Gottes, stoßen auf diese finsteren Mächte, sie lernen aber auch die geistlichen Waffen wirklich gebrauchen. David sagt: »Er lehrt meine Hände den Kampf, meine Finger den Krieg, meine Arme spannen den ehernen Bogen.« »Meinen Feinden jagte ich nach, und ich kehrte nicht um, bis sie aufgerieben waren!« Wer kann sagen, wieviel von der heiligen Ausdauer in solchem Kampf abhängt?

In unseren Tagen ist es von größter Bedeutung, daß wir das Gebetsleben von diesem Gesichtspunkt aus verstehen. Sonst begreifen wir nicht, warum der Teufel alles aufbietet, um unser Ringen im Geist zu vereiteln. Er sagt: Heute kannst du nur ganz kurz beten! oder: Heute kannst du nicht beten! Du wirst abgerufen, wenn du eben angefangen hast, in den Gebetskampf einzutreten. Durch unerwarteten Besuch, durch ein Telefongespräch, durch einen Handwerker oder durch irgend etwas anderes wirst du gestört! Dem Teufel ist kein Mittel zu gut und keines zu schlecht, wenn er den Gebetskämpfer dadurch von seinem Kampf abbringen oder seine Kraft schwächen kann. »Leistet dem Teufel Widerstand, so wird er von euch fliehen! Nahet euch Gott, dann wird Er auch euch nahen!«

Des Feindes Machenschaften sind uns nicht unbekannt

»Gott, Du bist mein Gott, frühe suche ich Dich!« Wem die List des Teufels nicht bekannt ist, der sieht nur einen Zufall oder vielleicht gar Gottes Schickung darin, wenn wir im Gebet gestört werden. Wir aber müssen sagen: »Des Feindes Machenschaften sind uns nicht unbekannt!« Wir durchschauen seine Absichten und lassen uns nicht so leicht unterbrechen, auch wenn unsere Nächsten uns darin nicht verstehen. Lieber legen wir unsere Gebetszeit so in die Morgenfrühe, daß möglichst keine Störungen kommen. Für die meisten Gebetskämpfer ist es das Beste und auch wirklich das Gebotene, am frühen Morgen aufzustehen und des Herrn Angesicht von ganzem Herzen zu suchen. Dazu aber gehört, daß wir den Mut haben, uns am Abend frühzeitig zurückzuziehen, damit wir dann am Morgen frisch und ausgeruht Gott begegnen können. Auf jeden Fall müssen wir die für unsere Verhältnisse günstigste Zeit des Tages festlegen zum Stillewerden vor dem Herrn (Ps. 63, 1—8).

Nicht zum mindesten beruht das Geheimnis der Kraft und des Sieges auch in dem Maß von Zeit, das wir dem Gebet einräumen! Unsere kurzen Gebete in der Öffentlichkeit und im gemeinsamen Flehen mit den Gläubigen verdanken ihre Kraft dem langen Weilen in der Verborgenheit vor dem Herrn. Nahe Bekanntschaft und Freundschaft mit Gott ist nicht schnell gemacht. Wer

Ihn in Wahrheit erkennen und Macht an Seinem Thron haben will, muß viel allein sein mit dem Herrn und Seinem Wort.

Gott neigt Sich gnädig herab zu jener Ausdauer und Kühnheit, die ausschließlich dem starken Glauben eigen ist. Der Herr Jesus sagt: »Seit dem Auftreten Johannes des Täufers bis jetzt wird das himmlische Königreich gestürmt, und die Stürmer reißen es an sich.« Wer Eroberungen für Gott machen will, muß diese heilige Energie besitzen, von der David spricht: »Herr, Deinetwegen trage ich Hohn und hat Schande bedeckt mein Antlitz. Entfremdet bin ich meinen Brüdern und ein Fremdling geworden den Söhnen meiner Mutter. Denn der Eifer um Dein Haus hat mich verzehrt.«

Die höchsten und heiligsten Güter können nur mit glühendem Eifer und mit Aufbietung aller Kräfte der neuen Natur erlangt werden. Nur entschlossen vorwärtsdrängende, von göttlichem Feuereifer beseelte Gotteskämpfer werden für Gott Großes ausrichten hier in der Welt. Es gilt, der Menschen Hohn geringzuachten und auch die Entfremdung von manchen Brüdern und Schwestern auf sich zu nehmen und ihr Mißverstehen oder ihre Mißbilligung still zu tragen. Es muß Wirklichkeit bei uns sein, was der Dichter ausspricht:

> Ob mich Menschen tadeln, loben,
> anerkennen, mißverstehen,
> Herr, Dein Wohlgefallen droben
> soll mir über alles gehen!

Luther sagt einmal: »Es ist mir lieber, die Welt zürne mit mir, denn Gott!« — Von Hanna, der Mutter Samuels, hören wir: »Und Hanna betete lange vor dem Herrn.« Der Hohepriester Eli verstand das nicht, er hielt sie für eine Trunkene und fuhr sie an. Gott aber wußte sie zu schätzen und erhörte sie wunderbar (1. Sam. 1, 9—18).

Das Siegesgebet beten um jeden Preis

David kannte den Gebetskampf und führte ihn unter namenlosen Leiden und Schwierigkeiten. Er ruhte nicht, bis er zum völligen Sieg durchdrang. Er kannte das Geheimnis des Sieges, wie ihm auch die verborgenen Ursachen der Niederlagen nicht unbekannt waren. Er wußte etwas davon zu sagen, von welcher Bedeutung das Bleiben unter dem Schirm des Höchsten für ihn war, das Wohnen im Hause des Herrn alle Tage seines Lebens. So erfuhr er das Geschütztsein im Verborgenen Seines Zeltes und das Erhöhtwerden auf einen Felsen der Rettung (Ps. 27, 1—6).

Wenn wir im Geiste eintreten in die Gegenwart Gottes, sehen wir Menschen und Verhältnisse, wie Gott sie sieht, und so werden wir nach Gottes Sinn beten können, indem sich uns das Verlangen des Heiligen Geistes mitteilt (Röm. 8, 26. 27).

Gerade die Menschen, die die Kämpfe Gottes kämpfen, finden oft die größten Schwierigkeiten über ihren Weg gelagert, und manches in den

Führungen ihres Lebens ist ihnen unbegreiflich, bis sie hineingehen in das Heiligtum Gottes. Wenn auch unter großem Schmerz und viel Beängstigung, können sie nun still werden und so aus tiefstem Herzen einverstanden sein mit Gott und Seinem Willen (Ps. 73, 1—28). Sie vermögen wie der Herr Jesus Selbst in schwersten Tagen zu sprechen: »Ich preise Dich, Vater, Du Herr des Himmels und der Erde ... Ja, Vater, denn also ist es wohlgefällig vor Dir!« — und damit treten sie ein in eine neue Weite des göttlichen Erziehungsweges. Es tun sich ihnen, obwohl ihre Lage noch genauso peinvoll und bedrängt ist wie vorher, ungeahnte Möglichkeiten und Ausblicke in die Herrlichkeit der göttlichen Führung auf! Immer heiliger und persönlicher wird solchen Betern das, was ihr himmlischer Herr und Erlöser in Seiner Liebe und Herrlichkeit für sie ist! Sie kennen Ihn in den größten Dunkelheiten und Schwierigkeiten als ihr Licht und als ihr Heil. Sie erfahren Ihn wunderbar als ihres Lebens Stärke. Eine heilige Furchtlosigkeit kennzeichnet sie, mit ihrem Gott wagen sie alles! »Unsere Seele wartet auf den Herrn, der unsere Hilfe und unser Schild ist. Denn in Ihm wird unser Herz sich freuen, weil wir Seinem heiligen Namen vertraut haben!« »Die Gerechten schreien, und der Herr erhört, und aus all ihren Bedrängnissen rettet Er sie!«

Nehmt auf euch Mein Joch und lernet von Mir

Als gerade die Städte, in denen Jesus Seine meis=
sten Wunderwerke getan hatte, Ihn von sich
stießen, konnte Er unter tiefen Schmerzen diese
Zulassung aus Gottes Hand nehmen. Es war
Seiner Seele eine Wonne, dem Vater in diesem
Augenblick Sein völligstes Vertrauen zu bewei=
sen: »Ja, Vater, denn also war es wohlgefällig
vor Dir« (Luk. 10, 12—22).

Hier kam die völlige Wertschätzung und Würdi=
gung des Sohnes durch den Vater sowie die herr=
lichste Offenbarung des Vaters durch den Sohn
zur Geltung: »Alles ist Mir übergeben von Mei=
nem Vater; und niemand erkennt den Sohn, als
nur der Vater, noch erkennt jemand den Vater,
als nur der Sohn, und wem irgend der Sohn Ihn
offenbaren will!« Und nun, nachdem die ange=
sehene Schicht des israelitischen Volkes den Herrn
Jesus schon völlig abgelehnt hatte, ergab sich die
Möglichkeit für Ihn, diejenigen an Sein Herz
und zu Seiner Herrlichkeit zu rufen, nach denen
es Ihn am allermeisten verlangte: »Kommet her
zu Mir alle, die ihr euch abmüht und von schwe=
rer Last bedrückt seid; Ich will euch erquicken
und euch Ruhe schenken. Nehmt Mein Joch auf
euch und lernt von Mir, denn Ich bin sanftmütig
und voller Herzensdemut, so werdet ihr Ruhe
finden für eure Seele; denn Mein Joch ist sanft,
und Meine Last ist leicht!«

Für das Beten im Geist geben uns diese Worte
unseres Herrn, vor allem Seine innere Stellung=

nahme zu dieser Enttäuschung, die tiefgreifendste Unterweisung. Er geht den Weg großer Leiden und doch heiligen Stillegewordenseins. Wir sehen Seine Fußtapfen und dürfen in Seine unmittel= bare Nachfolge eintreten, um, wie Er, den Vater zu verherrlichen und auch unter Enttäuschungen heilige Saat zu streuen.

Wie wunderbar geht uns dann Jesu Zusicherung in Erfüllung: »So werdet ihr Ruhe finden für eure Seelen!« Es gibt keine tiefere Ruhe als die eines Herzens, das unter tausend Schmerzen ge= lernt hat, völlig zu vertrauen und zustimmend einzugehen auf den Willen Gottes — was immer derselbe von uns verlangen oder uns auferlegen mag. Eine praktische Darstellung dieser inneren Haltung sehen wir bei Abraham in 1. Mose 22. Gottes Gebot war eine schwere Gehorsamsprobe für Seinen Knecht. Abrahams unerschütterliches Vertrauen — sein tiefer, demütiger Gehorsam hat die Probe bestanden. Gott konnte sprechen: »Nun weiß Ich, daß du Mich fürchtest und daß du Mir auch dein Teuerstes nicht vorenthältst.«

> Du heilger Wille meines Herrn,
> Mein Ankergrund und Fels bist Du,
> Das feste Schloß, in das ich flieh:
> In Dir verborgen find ich Ruh!
>
> O Wille, der das Beste will,
> Komm, führ und leite mich allein.
> Ich bin ein kleines, schwaches Kind,
> Das nur in Dir kann stille sein.

Herr, halt in Deinem Willen fest
Den meinen durch der Liebe Band,
Daß er, in Deinen aufgelöst,
Sich willig schmiegt in Deine Hand.

O leichte Last, o sanftes Joch,
Es hebt und trägt mich, wo ich bin.
Das ist die höchste Freiheit mir:
Gebunden sein an Deinen Sinn.

In Gottes Willen ruhe ich,
Gleich wie ein Kind im Mutterschoß,
Ihn nur zu wollen und zu tun
Ist mir ein königliches Los.

Dein wunderbarer Wille, Gott,
Ich nehm ihn im Triumphe an —
Und freudig spricht mein Glaube »Ja«
Zu allem, was er fordern kann!

Glückselig der, den Du, Herr, erwählst

»Glückselig der, den Du, Herr, erwählst und her=
zunahen lässest, daß er wohne in Deinen Vor=
höfen! Wir werden gesättigt werden mit dem Gu=
ten Deines Hauses, mit dem Heiligen Deines Tem=
pels.« — Der Herr sucht heute in der Stille nach
solchen, die sich dem heiligen Gebetsdienst wei=
hen. Wir hören von der hochbetagten Hanna,
daß sie »Gott mit Fasten und Flehen Nacht und

Tag diente und nicht wich von dem Tempel«
(Luk. 2, 36—38).
Als Mose sein Zelt nahm und es außerhalb des Lagers aufschlug, nannte er es »Zelt der Zusammenkunft mit Gott«. Wer nun irgend in dem verunreinigten Lager Israels sich sehnte nach naher Gemeinschaft mit Gott, der ging hinaus zu diesem Zelt. Hier redete der Herr mit Mose »von Angesicht zu Angesicht, wie ein Mann mit seinem Freunde redet« (2. Mose 33, 7—11). Zieht es auch dich in diese heilige Vertrautheit mit Gott mit Macht hinein? Der Vater sucht solche als Seine Anbeter, die Ihn anbeten im Geist und in der Wahrheit!
Durch Moses Freundschaft mit dem Allerhöchsten fühlte sich Josua, sein junger Diener, so angezogen, daß wir von ihm hören: »Josua, der Sohn Nuns, ein Jüngling, wich nicht aus dem Inneren des Zeltes.« Hier empfing er die tiefen Eindrücke des Geistes Gottes, die ausdauernde Kraft und Weihe für Gott, die später seinen Dienst kennzeichnen. In dieser Schule ist er das geworden, was er später war: der vom Heiligen Geist erfüllte Kämpfer und Sieger für Gott! Wirkliche Triumphe des Glaubens haben stets ihre Quellkammer in dem verborgenen Hangen an Gott.
Wie wunderbar wird einmal die ewige Belohnung sein in der Herrlichkeit: »Darum sind sie vor dem Throne Gottes und dienen Ihm Tag und Nacht in Seinem Tempel; und der auf dem Thron sitzt, wird Sein Zelt über ihnen errichten. Sie wer=

den nicht mehr hungern, auch wird sie nicht mehr
dürsten, noch wird je die Sonne auf sie fallen,
noch irgendeine Glut; denn das Lamm, das in
der Mitte des Thrones ist, wird sie weiden und
leiten zu den Quellen des lebendigen Wassers.
Und Gott wird jede Träne abwischen von ihren
Augen!« (Ps. 126, 1–6).

Ich komme, Herr, in Deine Gegenwart.
Verlangend sucht Dich meine Seele,
Die Deiner Führung und Befehle
Für diesen neuen Tag entgegenharrt.

Ich höre, Herr, da alles um mich schweigt.
Mach Du in Gnaden Geist und Wille
Zum Hören und Gehorchen stille
Und all mein Inneres Dir zugeneigt.

Sprich Du, mein Gott, und rüste mich zum Streit.
Zieh mich mit Kraft an aus der Höhe,
Daß ich mit Vollmacht widerstehe
Des Feindes Macht und Tücke jederzeit.

Und wenn Dein Wort mich neue Wege weist,
Dann hilf mir, weg von mir zu schauen
Und fraglos Deiner Weisheit trauen,
Daß jeder meiner Schritte Dich lobpreist!

Zusammenarbeit mit unserem erhöhten Herrn

Unser auferstandener Herr sucht Jünger, die mit
Ihm kämpfen und arbeiten in dem weltumfas=

senden Rettungswerk, das Er vom Himmel aus auf Erden tut. Es ist ein heiliger Kampf, in dem wir nur siegen und für Christus Beute machen können, wenn wir im Gebet beständig mit Ihm in Verbindung sind! Nur selbstlose, demütige Herzen können sich so einsmachen mit dem Herrn, daß es ein wirkliches Zusammenarbeiten mit Ihm ist und daß ihr Flehen die Früchte bringt, die Ihn verherrlichen! Jesus spricht: »Gleichwie die Rebe nicht aus sich selbst Frucht bringen kann, wenn sie nicht am Weinstock bleibt, so auch ihr nicht, wenn ihr nicht in der innigen Gemeinschaft mit Mir bleibt. Wenn ihr in Mir bleibt und Meine Worte in euch bleiben, so könnt ihr um alles bitten, was ihr wollt, und es soll und wird euch zuteil werden. Hierdurch wird ja gerade Mein Vater verherrlicht, daß ihr solch reiche Frucht bringt; und so werdet ihr auch Meine richtigen Jünger!« Nur soweit der Geist und die Worte unseres Herrn Jesus uns durchdringen und gestalten, wird unser Gebet und unser Dienen Frucht tragen, die da bleibt (Joh. 15, 1—16). Wir ahnen noch wenig, zu welcher Kraft sich die neue Natur, die wir bei unserer Bekehrung empfangen haben, entfalten kann, wenn wir nur all die schlummernden Kräfte in uns wachrufen ließen durch die Stimme unseres erhöhten Herrn und durch die Macht Seines Geistes. Da Er unser herrliches Haupt ist, dürfen auch wir uns wie Elisa ein doppeltes Maß Seines Geistes erflehen.

Im Alten Bund war das doppelte Teil den Erst=

geborenen bestimmt: »Vorzug an Hoheit und
Vorzug an Macht (1. Mose 49, 3; 5. Mose 21, 17).
Für das Volk Gottes des Neuen Testaments sagt
der Hebräerbrief: Wir sind die Schar der »Erst=
geborenen, deren Name in den Himmelswelten
eingeschrieben ist«. »Aus freiem Liebeswillen
hat Gott uns durch das Wort der Wahrheit ge=
zeugt, damit wir gleichsam eine Erstlingsfrucht,
die Schar der Erstgeborenen unter Seinen Ge=
schöpfen seien.« Möchte an unserem Betragen,
an unserer Denkungsart und den praktischen
Früchten, die wir unserem Gott täglich bringen,
wirklich dieser Vorzug an innerer Hoheit — an
Geistesmacht — allen erkennbar sein, die mit
uns zu tun haben!

*Gönnt euch keine Ruhe und laßt Ihm
keine Ruhe*

Der Herr sucht unter der Schar der Erstgeborenen
nach Betern und Kämpfern, die sich keine Ruhe
gönnen — »deren Gürtel nicht gelöst, deren
Schuhriemen nicht zerrissen sind«.
Außerordentliche Kühnheit und übernatürlicher
Mut sind dem Glauben eigen. Wenn wir im Geist
eins sind mit dem Herrn Jesus, ringen wir bei
unseren Mitgeschwistern um das, was der Herr
in sie gelegt hat. Wir beten um die Entfaltung
des neuen Lebens in ihnen und daß nicht der
natürliche Mensch wieder die Oberhand gewinne.
So arbeitete Paulus unter seinen Glaubensge=

schwistern: »Wir treten an jeden Menschen mit unserer kostbaren Botschaft heran und unterrichten jeden einzelnen von euch, den Glaubenden, in aller Weisheit, damit wir einen jeden zu wirklicher geistlicher Reife, ja zur Vollendung in Christus führen. Das ist das Ziel meines ernsten Mühens um euch!« »O meine Kindlein, um die ich von neuem solche Geburtsschmerzen durchmachen muß, bis Christus wirklich Gestalt in euch gewinnt!«

Es kommen, wenn wir auf den göttlichen Plan eingehen, Wandlungen, Durchbrüche, neue Stufen in unserem inneren Leben. Jakob hatte sein Pniel=Erlebnis, nach dem Gott ihm einen neuen Namen gab: »Du sollst hinfort nicht Jakob heißen, Israel sollst du heißen, das heißt Gotteskämpfer!« — Hiob spricht nach tiefsten Erschütterungen: »Mit dem Gehör des Ohres habe ich von Dir gehört, aber nun hat mein Auge Dich gesehen. Darum verabscheue ich mich in Staub und Asche! ... Und Gott segnete das Ende Hiobs mehr als seinen Anfang!« — Hiskia erlebt: »Dem Löwen gleich zerbrach Er alle meine Gebeine ... Ich will hinfort vorsichtig wallen alle meine Tage.« Paulus bricht nach Römer 7 durch zu Römer 8: »Das Gesetz des Geistes des Lebens hat mich freigemacht von dem Gesetz der Sünde und des Todes.«

Gott will erwachsene Söhne und Töchter haben, die mit Ihm arbeiten, mit Ihm sehen und mit Ihm kämpfen; die die Kinderkrankheiten und Kindertorheiten hinter sich lassen und die sieg=

haft geworden sind — bewährt in der Lauterkeit und im Gehorsam. Aus der großen Schar der Unreifen schälen sich die heraus, die ganz für ihren Gott da sein wollen. »Am Leben bleiben heißt für mich, für Christus da sein!« Welch eine Freude ist es, wenn Kinder Gottes durchbrechen auf eine neue Stufe, wenn der Nebel weicht und sie die geistlichen Bergeshöhen klar sehen, zu denen Gott sie ruft (1. Tim. 4, 15. 16).

Rette du die, welche vom Teufel zum Tode geschleppt werden

»Errette, die zum Tode geschleppt werden, und die zur Würgung hinwanken — o halte sie zurück! Wolltest du sagen: Wir haben ja nichts davon gewußt! — wird nicht Er, der die Herzen wägt, es merken und Er, der auf deine Seele achthat, es wissen? Und Er wird einem jeden vergelten nach seinem Tun!« Uns allen sagt der Herr: »Gehet hin, macht die Menschen zu Jüngern und lehrt sie alles halten, was Ich euch geboten habe. Seht, hierzu bin Ich bei euch alle Tage bis zur Vollendung des Zeitalters.« Wenn wir unsere Verantwortung für die Verlorenen fühlen, ist der Herr uns besonders nahe mit Seiner führenden und ermutigenden Gnade. Er wird uns zeigen, wie wir die Menschen unserer Umgebung etwas spüren lassen können von der Liebe Gottes, die sie sucht. Ein jesusähnliches Leben bahnt unserem Zeugnis und dem Wirken des Gei=

stes Gottes den Weg. Bei all unseren Bemühungen dürfen wir wissen, daß der Herr Selbst vom Himmel her in diesem Augenblick Sein suchendes und rettendes Werk tut. Wir sind ja Seine Mitarbeiter auf dem Ackerfeld der Welt! Das Zeugnis des Herrn wird heute oft so wenig angenommen, weil die Christen nicht anders sind als andere Menschen. Wie soll die Welt an die Liebe Gottes glauben, wenn wir in unseren alltäglichen Verhältnissen nicht die Liebe Jesu betätigen, die nicht an sich denkt, sondern anderen sich gibt? — die Liebe, die nicht ihren Vorteil sucht, die nicht an ihrer eigenen Meinung festhält, ob sich das nun um das Zusammenleben, um das berufliche Vorwärtskommen oder um Erbangelegenheiten handelt. Laß es dir heute gesagt sein: Alles, was nicht licht ist in unserem Herzen und Tun, das ist Finsternis, und was nicht Geist ist, ist Fleisch, und was nicht göttlich ist, ist ungöttlich. »Die gleiche Gesinnung lebe in euch, wie Christus Jesus, unser Herr, sie hatte!«

Wir wollen beachten, welch großen Wert die Apostel auf die Fürbitte der Gläubigen legen. Der Geist Gottes drängt uns dazu, für unsere Mitgeschwister zu beten und für die Welt. Er will uns darin leiten und uns die Personen und Anliegen aufs Herz legen. Eine große Hilfe ist es, in unserer Bibel oder in einem Taschenbüchlein die Menschen mit Namen eingeschrieben zu haben, für welche wir regelmäßig beten. Tun wir dies Tag für Tag mit großem Vertrauen zu unserem Gott, dann wird etwas geschehen an die=

sen Menschen. Es gibt ein weltliches Sprichwort: »Steter Tropfen höhlt den Stein.« So darf jeden Tag unser Flehen vor Gott ein Tropfen sein, der schließlich die härtesten Herzen, um die wir ringen und flehen, zu durchbrechen vermag für Gott. Auf solche Weise bringen standhafte und geweihte Beter eine wunderbare Ernte für Gott und für die Herrlichkeit zur Reife. »Herr, siehe, ich und die Kinder, die Du mir gegeben hast!«

Wie der Himmlische, so auch die Himmlischen

In unserem Beruf, in unserer Familie wird es sich zeigen, ob wir in betender Fühlung mit unserem erhöhten Herrn stehen. Was sich nicht überträgt auf unsere praktische Arbeit, auf unser Rechnen, auf unser Handwerk, auf unsere Feldarbeit, auf die Versorgung und Erziehung unserer Kinder, auf unser Nähen und Kochen, auf unsere Zeiteinteilung, auf die Gestaltung unserer freien Stunden und unserer Sonntage, hat wenig Wert! Das emporgehobene Leben bringt mit sich eine neue Weise, die äußeren Arbeiten und Pflichten zu erfüllen. Wir übersehen so leicht das in Gottes Augen Wichtigste, weil wir die Leitung des Geistes Gottes nicht erbitten — weil Herz und Leben nicht unter der Beeinflussung des göttlichen Wortes stehen. Die Schrift sagt: »Tut eure Schritte im Heiligen Geiste — laßt euch von Ihm leiten und bestimmen!« »Die den Herrn von ganzem Herzen suchen, verstehen alles!«

Gerade in der Gestaltung unseres täglichen Lebens wird es sich zeigen, wie viel oder wie wenig von dem Geist von oben wir haben und ob wir uns in das Bild unseres Herrn Jesus Christus gestalten lassen. Unser Herr heißt »der Himmlische« und es steht geschrieben: »Wie der Himmlsche, so sind auch die Himmlischen!« Hohes wird von dir und mir erwartet! Von welch hoher Warte aus hat Daniel seine Ministeraufgaben erfüllt — nicht zu vergleichen mit den anderen Ministern im babylonischen Weltreich! Daniel war ein Mann des Geistes — ein Mann des Gebets. Der Stempel des Geheiligtseins für den Höchsten drückte sich all seinem Tun auf.

Gemessen an dem, was den Kindern Gottes aus der Heiligen Schrift und durch Machtwirkungen des Geistes Gottes geboten wird, müßte unser großer Herr eine ganz andere Schar von reifen Brüdern und Schwestern haben. Der Prophet sagt einmal zu Israel: »Ihr werdet gerichtet werden entsprechend dem, was eurer Versammlung verkündigt worden ist« (Hos. 7, 12 b). — Das Wort ist von außerordentlichem Ernst: »Wem viel gegeben ist, von dem wird auch viel gefordert werden; und wem viel anvertraut ist — um so mehr wird von ihm verlangt werden!«

Ich habe euch die Macht gegeben über alle Macht des Feindes

»Nach diesen aber bestellte der Herr auch siebzig andere und sandte sie je zwei vor Seinem Angesicht her in jede Stadt und in jeden Ort, wohin Er Selbst kommen wollte« (Luk. 10, 1. 17—19). Auch wir wollen es besser verstehen, daß es unsere Arbeit sein darf, dem Herrn persönlichen Eingang zu schaffen und Bahn zu bereiten in Menschenherzen. Dies traut Er uns zu, und nichts Geringeres erwartet Er von uns. Wo Er uns hinschickt, will Er Selbst hinkommen!
Voll Freude kehrten die Siebzig zu ihrem Herrn zurück. Der Erfolg ihrer Sendung überstieg ihre kühnsten Erwartungen. »Herr, auch die bösen Geister sind uns in Deinem Namen untertan!« — Unglückliche, vom Teufel gebundene Menschenherzen waren frei geworden durch den Dienst der schlichten und noch unerfahrenen Jünger, weil die Kraft des Namens Jesu so groß ist. Sie waren nicht in ihrem eigenen Namen — nicht als »berühmte Prediger« zu den Leuten gekommen, sondern als unbekannte Abgesandte ihres großen Herrn. — Jesus stimmt sofort in den Siegeston Seiner Jünger ein und erhöht ihn noch: »Ja, Ich schaute den Satan wie einen Blitz vom Himmel fallen. Seht, Ich habe euch die Macht verliehen, auf Schlangen und Skorpionen zu treten — Gewalt über die ganze Kraft des Feindes, über das ganze Heer des Widersachers. Und nichts soll euch irgendwie Schaden tun!«

Es ist so wichtig, daß wir uns in unseren Gebeten auf den Boden des vollbrachten Erlösungswerkes stellen, des Sieges über alle Macht der Sünde und des Teufels (Eph. 1, 15—23). So werden wir herausgehoben aus unserem ichbegrenzten Beten, das von der Not in uns und anderen gebannt ist, und nehmen den Sieg Jesu in Anspruch!

Dieses Siegesgebet ist natürlich nur da möglich, wo die ganze Siegesstellung eines Lebens mit Christus auf dem Thron im Glauben erfaßt wird. Dann »vermögen wir königlich zu herrschen im Leben«, denn wir haben ja von Gott »die überschwenglich reiche Gnade und die Gabe des Heils und der Gerechtigkeit empfangen«.

Ergreife die angebotene Macht des Herrn

»Siehe, Ich gebe euch Macht, auf Schlangen und Skorpionen zu treten, und über die ganze Kraft des Feindes« (Luk. 10, 17—19). Unter der Segnung unseres allmächtigen himmlischen Herrn steht die Ergreifung der Siegesstellung in diesem Augenblick allen Erlösten offen. »Den Stab deiner Macht wird der Herr aus Zion senden. Herrsche inmitten deiner Feinde!« Der Wille Gottes ist es, daß wir voll und ganz Seinen Sieg und Seine Macht ergreifen (Eph. 6, 10—20). Es ist das Siegesgebet derer, die sich im Glauben schon jetzt in der Herrlichkeit mit Christus vereinigt wissen, das wir heute verstehen — beten lernen müssen!

Welch unübersehbare Folgen würde es haben, wenn alle Gebetsstreiter diese volle Siegesstellung auskaufen würden! Wir werden hier erinnert an die Besitzergreifung des Landes Kanaan durch die Israeliten. Ihr leuchtender Führer im Kampf und Sieg war Josua, der uns ein Vorbild und Abbild ist von Jesus, dem Begründer unseres Heils, dem Herzog unserer Seligkeit! Die Besitznahme des Landes Kanaan geschah Schritt für Schritt durch das starke Vertrauen, das vor allem Josua, aber auch das Volk zu dem Willen, zu der Macht und Herrlichkeit ihres Gottes hatten. Der Herr hatte gesprochen: »Jeder Ort, auf den eure Fußsohle tritt, euch habe Ich ihn gegeben!« So setzten sie denn voll Mut und Glauben ihren Fuß Schritt für Schritt auf den Boden des gelobten Landes, drängten die Feinde zurück und setzten sich in den Besitz dessen, was Gott ihnen zugesprochen und ihrem Glauben längst schon geschenkt hatte.

Unser Beten darf immer mehr ein Gottgehorchen werden — ein kühnes Fordern dessen, was Er uns schon zugesagt hat! »Fordere von Mir, und Ich will dir zum Erbteil geben die Nationen und zum Besitztum die Enden der Erde.« Auf solche Weise sollen wir das ganze Gebiet geistlicher Segnungen einnehmen und die ungerettete Welt für unseren Gott gewinnen, der ja das alleinige Anrecht an sie hat.

Abraham wagte es, mit 318 Männern gegen eine siegreiche Weltmacht in den Kampf zu ziehen, um seinen gefangenen Neffen Lot dem Feind zu entreißen und für Gott zurückzugewinnen.« »Und er brachte alle Habe zurück; und auch Lot, seinen Bruder, und dessen Habe brachte er zurück, und auch die Frauen und das Volk!... Gesegnet sei Abraham von Gott, dem Höchsten, der Himmel und Erde besitzt; und gepriesen sei Gott, der Höchste, der deine Feinde in deine Hand geliefert hat« (1. Mose 14, 1—16).

Jephta, ein tapferer Held der Richterzeit, fordert voll Glaubensmut für sein Volk, was der Herr ihnen gegeben hat: »Alles, was der Herr, unser Gott, für uns ausgetrieben hat, das wollen wir besitzen.«

Und der Apostel Paulus zieht in eine gottferne Welt, um den Sieg Jesu zu verkündigen und sie für Gott zurückzugewinnen. »Dank sei dem großen Gott, der uns im Dienste Christi fortwährend Siege feiern läßt. Ja, Er führt uns im Siegeszug durch die Welt, und überall wird Christus durch uns den Menschen bekannt wie ein köstlicher Duft neuen Lebens.« Dieselbe Waffe, die diesen Kämpfern Gottes den Sieg sicherte, ist auch uns gegeben! »Unser Glaube ist der Sieg, der die Welt überwindet.«

Betest du das Siegesgebet, mein Bruder, meine Schwester? Bewegst du dich heute in der herrlichen Freiheit, für welche Christus dich freigemacht hat? Kämpfst du deine Brüder und Schwestern los — einen nach dem anderen, aus der Macht der Verblendung — aus der Sklaverei des Ichlebens? »Die Waffen unseres Kampfes sind nicht menschlicher Art — nicht die sonst in der

Welt üblichen. Nein, sie sind göttlich mächtig, so daß wir mit ihnen alle feindlichen Bollwerke zu zerstören vermögen!«

Ist Sieg über Satan deine Erfahrung?

Satan kann wie ein Blitz zu Boden geworfen werden durch den alles überwindenden Namen seines großen Besiegers Jesus! »Denn Er muß herrschen, bis Er alle Seine Feinde unter Seine Füße gelegt hat« (Luk. 10, 17—24). Die Offenbarung zeigt uns den letzten großen Geisteskampf, der damit endet, daß Satan, der große Drache, die alte Schlange, die den ganzen Erdkreis verführt, aus dem Himmel hinabgeworfen wird auf die Erde. Und seine Engel werden mit ihm hinabgeworfen. Darauf hört Johannes im Himmel den Siegesgesang: »Nun ist das Heil und die Macht und das Königreich unseres Gottes und die Gewalt Seines Christus gekommen, denn hinabgeworfen ist der Verkläger unserer Brüder, der sie Tag und Nacht vor unserem Gott verklagte. Darum seid fröhlich, ihr Himmel, und die ihr in ihnen wohnet!« Mit letzter Wut allerdings wehrt sich der Teufel auf der Erde, »da er weiß, daß er nur noch wenig Zeit hat«. Schließlich zeigt uns aber der Abschluß der Offenbarung den Augenblick, da der Teufel in den Feuer- und Schwefelsee geworfen wird, wo sowohl das Tier ist als auch der falsche Prophet, und »sie werden Tag und Nacht gepeinigt werden von Ewigkeit

zu Ewigkeit«. Jesus sieht in Lukas 10 den end=
gültigen Sturz Satans voraus. Und jeder Teil=
sieg, den eine Schar von Glaubens= und Gebets=
streitern oder auch ein einzelner gewinnt, ist ein
Angeld auf den gewaltigen Endsieg. In diesem
Licht sieht der Herr Jesus auch heute jeden Sieg,
welchen du in deinem eigenen Herzen und Leben
und in dem Herzen und Leben der Menschen,
mit denen du zu tun hast, erringst.

> Der Name Jesu ist ein Hort,
> Er beut dem Feinde Trutz;
> Er nimmt die Last vom Herzen fort,
> Birgt uns in Seinem Schutz.
> O Name, groß und wunderbar,
> Des Herrn in der Herrlichkeit,
> Für Deine bluterkaufte Schar
> Bist Du der Sieg im Streit.
>
> Des Teufels Werk vernichtest Du,
> Die Hölle bebt vor Dir;
> Doch uns bringst Du des Himmels Ruh
> Und seinen Sieg schon hier.
> O Name, groß und wunderbar,
> Des Herrn in der Herrlichkeit,
> Für Deine bluterkaufte Schar
> Bist Du der Sieg im Streit.
>
> Die Mauern stürzen krachend ein
> Vor Deinem hellen Ton;
> Die stolzen Herzen werden klein

Und beugen sich dem Sohn.
O Name, groß und wunderbar,
Des Herrn in der Herrlichkeit,
Für Deine bluterkaufte Schar
Bist Du der Sieg im Streit.

In jedem Land, an jedem Ort
Ist Ihm der Sieg gewiß;
Wir tragen Ihn als Losungswort
Trotz aller Finsternis.
O Name, groß und wunderbar,
Des Herrn in der Herrlichkeit,
Für Deine bluterkaufte Schar
Bist Du der Sieg im Streit.

Du hast es mit einem geschlagenen Feind zu tun

Die furchtbaren Fürstentümer und Gewalten Satans entwaffnete unser Erlöser — während Er Selbst angenagelt war an das Kreuz — durch Seinen Gehorsam und durch Sein Sühnleiden. Wo Satan meinte zu triumphieren, triumphierte das Lamm Gottes über ihn und all seine finstern Gewalten. »Nachdem Gott auf solche Weise die finstern Mächte und Gewalten, die ihr Anrecht auf uns geltend machten, völlig entlarvt und entwaffnet hat, sind sie ja vor aller Welt an den Pranger gestellt. Durch das Kreuz Christi hat Gott sie für immer aufs glänzendste besiegt —

einen völligen Triumph über sie davongetragen« (Kol. 2, 6—15).

Und Himmel und Erde nahmen diesen einzigartigen Sieg wahr, den der Sohn Gottes in größter Schwachheit über alle Mächte der Finsternis davontrug. Für den Glauben ist der Teufel ein geschlagener Feind! Und er selbst wie auch seine bösen Geister sind sich dessen bewußt (Matth. 8, 28. 29).

Wenn sich nur die Gläubigen auch so völlig dessen bewußt wären, daß sie es mit einem geschlagenen Feind zu tun haben! Der Apostel Jakobus fußt auf dieser Tatsache, wenn er den Christen schreibt: »Widersteht dem Teufel, so flieht er von euch!« — Allerdings ist es von Bedeutung, daß diesem ermutigenden Wort vorangeht: »Gott widersteht den Hochmütigen, den Demütigen aber gibt Er Gnade; darum unterwerft euch Gott!« Erst wenn der Hochmut im Herzen des Kindes Gottes zerbrochen ist, wenn Herz und Leben Gott unterworfen ist, wird es möglich sein, diesen bleibenden Triumph über den Teufel praktisch zu erfahren. Wie muß es uns locken, den Weg der Demut zu gehen, wenn uns Daniel sagt: »Den Niedrigsten der Menschen bestellt der Höchste über das Königtum!« — Herr, verleihe mir Demut und das Maß von Glauben, das ich heute brauche, um Dich zu verherrlichen, Deine Streite zu streiten — Deine Siege zu erringen für mich und für andere!

Hast du dein Pniel schon erlebt?

Ehe wir stark sein können in dem Herrn und in der Macht Seiner Stärke — ehe wir dem Feind Boden und Beute abringen können, müssen wir erlebt haben, was Jakob in jener Pnielnacht erlebte (1. Mose 32, 22—31). Ehe wir wirklich sieghaft mit dem Feind kämpfen können, muß Gott mit uns diesen Zerbrechungskampf kämpfen, in dem sich unsere neue Natur durchringt zum Sieg über die alte (Röm. 7, 14—24).

Nachdem Gott bei Jakob viele Jahre darauf hingearbeitet hatte, kostete es doch noch eine lange Nacht, und schon schien es, als ob Gott Jakob sich selbst überlassen müßte in seiner Unzerbrochenheit. Er sprach: »Laß mich los, denn schon ist die Morgenröte aufgegangen!« Da aber brach der ganze Siegeswille der neuen Natur bei Jakob durch: »Ich lasse Dich nicht, Herr, Du habest mich denn gesegnet!« Und indem der Allmächtige Sich von der neuen Natur Jakobs besiegen ließ, überwand Er dessen alten Menschen. Welch ein Augenblick — der Anbruch eines neuen Tages!

Noch einmal muß Jakob in tiefer Beschämung seinen bisherigen Namen vor Gott aussprechen: Jakob = Überlister! Dann aber empfängt er den herrlichen neuen Namen: Israel = Gotteskämpfer! Bisher hatte in Jakobs Leben der natürliche Mensch durchaus die Oberhand gehabt. So widerspruchsvoll dies auch scheint, es muß zu seiner Beschämung doch klargestellt werden. Nun aber war ein wirklich Neues geworden; Jakobs neuer

Mensch sollte fortan in Gott und mit Gott siegen, und damit erst kam die volle Segnung über ihn. Nun kannte er seinen herrlichen Gott in Wirklichkeit, und nun erst konnte er Ihn verherrlichen vor den Menschen.

Jakob gab dieser Stätte den Namen Pniel, das heißt Angesicht Gottes, denn er sprach: »Ich habe Gott von Angesicht zu Angesicht gesehen, und meine Seele ist genesen!« — gesund geworden von der langen Ichkrankheit, vom Hochmut, von der Selbstsucht, der Unlauterkeit und all den ungöttlichen Zügen, die den natürlichen Menschen kennzeichnen und die doppelt häßlich sind, wenn ein Glied des Volkes Gottes sie noch an sich trägt (Kol. 3, 8—11). »Die aber, welche im Fleische sind, vermögen Gott nicht zu gefallen. Ihr jedoch seid ja nicht im Fleische, sondern im Geiste, wenn Gottes Geist wirklich in euch wohnt! — Wenn aber jemand Christi Geist, Christi Gesinnung und Art nicht hat, der gehört Ihm auch nicht an!«

In diesem Zusammenhang verstehen wir das Frohlocken unseres Herrn Jesus im Geiste, als Er sehen durfte, daß Seine geliebten Jünger — nicht nur die zwölf, sondern auch die siebzig! — zu wahren Glaubensstreitern herangereift waren. Nicht umsonst war Seine Arbeit in diesen drei Jahren an ihnen gewesen: »Ich preise Dich, Vater, Du Herr des Himmels und der Erde, daß Du dies vor Weisen und Verständigen verborgen hast und hast es Unmündigen geoffenbart. Ja, Vater, denn also war es wohlgefällig vor Dir.«

*Unter dem Schirm des Höchsten —
im Schatten des Allmächtigen*

Wenn der Herr Jesus Seinem Hinweis auf den Sturz Satans die gewaltigen Worte hinzufügt: »Siehe, Ich gebe euch Macht, auf Schlangen und Skorpionen zu treten — Macht über die ganze Kraft des Feindes, und nichts wird euch unmöglich sein — nichts soll euch irgendwie beschädigen!« — so werden wir an Psalm 91 erinnert. Der Psalmist, ein Mann vieler Kriege und Kämpfe, hatte alle seine Siege nur durch Vertrauen auf die Macht und Herrlichkeit seines Gottes erlangt. Und es kam der Tag, an welchem alle seine Feinde endgültig und für immer besiegt waren (2. Sam. 22, 1—3. 18—20. 50. 51). So kann nun dieser erhabene Psalm dem neutestamentlichen Glaubenskämpfer zum tieferen Verständnis heiliger Siegesgeheimnisse helfen. Das völlige Geborgensein des Glaubenden in seinem Gott steht hier allem voran.

In der Erkenntnis der Herrlichkeit und Macht unseres Gottes dürfen wir nicht unbewandert sein, wenn wir Seinen Sieg in unserem Leben erfahren wollen. Als den Höchsten und als den Allmächtigen dürfen wir Ihn vor Augen und im Herzen haben und müssen Seiner Liebe ebenso vertrauen wie Seinem Schutz, wenn wir Kämp=fer für Gott im höchsten Sinn des Wortes werden wollen. Ein ganz persönliches, tief innerliches Band muß die Seele dessen mit Gott verbinden, der in Seinem Namen den feindlichen Gewalten sieghaft entgegentreten will. Gott ist für Seinen

Kämpfer da, wie wenn er der einzige auf dem weiten Erdenrund wäre, den Er zu schützen und zum Sieg zu führen hätte, und er darf sprechen: »Gott ist für mich, und ich werde mich nicht fürchten; was sollte ein Mensch mir tun?« Und was könnte ein geschlagener Teufel mir anhaben? »Wenn Gott so herrlich auf unserer Seite ist, wer kann da gegen uns streiten? Wer könnte es wagen, uns, die Auserwählten Gottes — Seine Lieblinge — zu verklagen? Gott ist ja Selbst der höchste Richter, und Er rechtfertigt uns völlig!«

Du hältst mich geborgen, Du allmächtger Gott,
Meine sichre Zuflucht, wenn der Böse droht.
Unter Deinem Schatten, im verborgnen Zelt
Fürcht ich nicht sein Toben; Deine Hand mich hält.
Unter Deinen Flügeln, hinter Deinem Schild,
O Du Gott der Treue, ist mein Herz gestillt.
Dort entrinnt die Seele aus des Voglers Strick;
Jeder Pfeil des Bösen, dort prallt er zurück.
Aller Todesschrecken grausam starkes Heer,
Die mich niederschlugen, finden mich nicht mehr.
Was Du mir verheißen, ist mein fester Hort,
Deine ganze Wahrheit, Dein lebendges Wort.
Deine Engelscharen schützen meinen Gang,
Wo Gefahren drohen meinen Weg entlang.
Meine Füße treten, eins mit Dir, o Herr,
Auf den Kopf der Schlange, auf des Drachen Heer.
Wenn ich Dich anrufe, Du Dich finden läßt,
Deine ewge Gnade macht mein Herze fest. —
Daß mein ganzes Leben als Dein Eigentum
Künde meines Retters Herrlichkeit und Ruhm!

Auf Schlangen und Skorpionen sollst du treten

»Auf Löwen und Ottern sollst du treten; junge Löwen und Schlangen wirst du niedertreten.« Wir finden hier zunehmenden Mut, zunehmende Kraft. Zunächst tritt der Glaubenssieger auf diese mächtigen Feinde; dann tritt er sie nieder! Und für die Zukunft wird uns die dritte Stufe in Aussicht gestellt: »Der Gott des Friedens wird in kurzem den Satan unter eure Füße zertreten!«

Je vollständiger und bleibender unser persönlicher Sieg über den Feind ist, desto reiner und glückseliger ist auch unsere Gemeinschaft mit dem großen Herrn, in dessen Kraft wir siegen und in dessen Schirm und Schatten wir geborgen sind. Unser Vertrauen zu Ihm und unsere Wonne an Ihm vertieft sich fühlbar. Das gerade ist es, was Sein Herz begehrt und beglückt.

Was tut unser herrlicher Herr nicht für die, die Ihm völlig vertrauen und gehorchen, die sich bei Ihm bergen und die alles wagen im Blick auf Ihn und für Seine Ehre! Als die Jünger in stürmischer Nacht mit Wogen und Wellen und Sturm kämpften, da eilte der Herr vom Berge aus zu ihnen, beruhigte mit einem Machtwort das stürmische Meer und brachte Seine Jünger schnell ans Ufer! »Weil er Wonne an Mir hat, will Ich ihn erretten: Ich will ihn in Sicherheit setzen, weil er Meinen Namen kennt. Er wird Mich anrufen, und Ich werde ihm antworten; Ich werde bei ihm sein in der Bedrängnis. Ich werde ihn befreien und ihn verherrlichen! Ich werde ihn sättigen mit Länge des Lebens und ihn schauen lassen Meine Rettung!«

Wir werden erinnert an den Strom lebendigen Wassers, der im himmlischen Jerusalem hervor= fließt aus dem Thron Gottes und des Lammes — eine Fülle von göttlichen Lebens= und Heils= kräften. Das göttliche Leben in seiner Vollkraft wird uns in der Herrlichkeit ununterbrochen zu= fließen durch die unmittelbare Gegenwart Got= tes — durch die ungetrübte und ununterbrochene Gemeinschaft mit unserem Herrn und Heiland.

Wer überwindet, dem will Ich geben, mit Mir auf Meinem Thron zu sitzen

Was der Herr dem Überwinder für die nahe Herrlichkeit in Aussicht stellt, wird ihm im Geist jetzt schon zuteil: »Wer überwindet, dem will Ich geben, mit Mir auf Meinem Thron zu sitzen, wie auch Ich überwunden und Mich mit Meinem Vater gesetzt habe auf Seinen Thron.« Wer dem Herrn Jesus anhangt, der darf schon jetzt »ein Geist sein mit Ihm« — in tiefinnerliche Überein= stimmung gebracht sein mit dem himmlischen Herrn auf dem Thron. Wir wollen es uns durch den Heiligen Geist aufschließen lassen, worin in der gegenwärtigen Zeit unser Königtum und Priestertum im Geiste besteht.

Warum lassen sich Kinder Gottes so vielfach vom Feinde aufhalten, einengen, niederziehen und belästigen? Warum kann das Volk Gottes

nicht die angreifenden Horden der Finsternis ab=
schütteln mit den Worten des Sohnes Gottes:
»Gehe hinter Mich, Satan!« (Matth. 4, 10)? Dies
wäre möglich, wenn die Erlösten ihr Einssein mit
Christus in Seinem Tode und in Seiner Aufer=
stehung nur praktisch ergreifen wollten. Die
Sache Gottes bedarf jener sieghaften Gebetsstrei=
ter, die ihre Mitgläubigen durchbeten können
durch die starken Hindernisse — hinein in die
Siegesstellung!

Der Blick auf die Herrlichkeit, Gewalt und Macht,
die Jesus vom Vater empfangen hat, muß uns
aufgetan werden. Dadurch werden wir mit Kraft
erfüllt, so daß wir in unserem Ringen und Fle=
hen vor Gott einen Sieg um den anderen errin=
gen. Satans Herrschaft in dieser Welt wird bald
aufhören müssen, um dem Königreich des Friede=
fürsten zu weichen. Und schon jetzt muß sie in
jedem einzelnen Menschenherzen aufhören, das
den Herrn Jesus als Retter und Erlöser angenom=
men hat. Wir dürfen uns im Geist zu der Stätte
Seiner Erhöhung erheben. Nur von dort aus wer=
den wir die Vollmacht Seines Namens und die
Vollmacht Seines Geistes über alle feindlichen
Mächte ergreifen lernen!

Wir sollen die völlige Niederlage des Feindes
und den Sieg, die Königsherrschaft des Sohnes
Gottes verkündigen. Christus und der Satan müs=
sen der Welt gezeigt werden als die zwei Pole, um
die sich alles Geschehen dreht — die zwei Herr=
scher, deren einem oder anderem jede Seele sich
endgültig beugt! Die letzte Ursache, die allen

Kämpfen und Streitigkeiten zugrunde liegt, beruht in diesem Kampf zwischen Finsternis und Licht, zwischen Satan und Gott. Der Auftrag des Apostels Paulus ist auch unser Auftrag heute: »Hierzu bin Ich dir erschienen, dich zu einem Diener und Zeugen zu verordnen, ihre Augen aufzutun, auf daß sie sich bekehren von der Finsternis zum Licht und von der Gewalt des Satans zu Gott, auf daß sie Vergebung der Sünden empfangen und ein Erbe unter denen, die durch den Glauben an Mich geheiligt sind!«

Der Herr sucht heute Beter, die in unbeirrbarem Glauben die Stunde herbeiführen helfen, da alle Seine Feinde zum Schemel Seiner Füße liegen werden!

> Laßt uns den Sieg verkünden
> Im Namen Jesu Christ,
> Vergebung aller Sünden
> In Ihm, der Sieger ist!
> Wir ziehen in den Kampf hinein
> Und leben Gott allein.
> Laßt uns den Sieg verkünden
> Im Namen Jesu Christ!
>
> Sein Name ist die Kunde,
> Die uns im Herzen brennt,
> Die auf dem Erdenrunde
> Wahrheit und Irrtum trennt.
> O mach aus jedem einen Held,
> Zu bringen aller Welt
> Dein's Namens süße Kunde,
> Die uns im Herzen brennt!

Dein Name ist uns Zuflucht
In jeder Herzensnot,
Wenn Feindesmacht uns drohet,
Versuchung, Angst und Tod.
Dein Name ist vollkommner Sieg
In jedem Sturm und Krieg,
Dein Name ist uns Zuflucht
In jeder Herzensnot!

O laßt den Namen tönen,
Wo niemand ihn gehört,
Wo Millionen frönen
Dem Feinde, schwer betört;
Er mache die Gefangnen frei
Von Satans Sklaverei!
O laßt den Namen tönen,
Wo niemand ihn gehört!

VOM DIENEN IM GEIST

Der Geist des Herrn ist auf mir; denn Er hat mich gesalbt, um den Demütigen und den Armen eine frohe Botschaft zu bringen. Er hat mich gesandt, um zu verbinden, die zerbrochenen Herzens sind — Freiheit auszurufen den Gefangenen und Öffnung des Kerkers den Gebundenen — um auszurufen das große Jahr der Annehmung des Herrn und zu trösten alle Trauernden.« Dieses Wort sagt uns, was Dienen im Geist in sich schließt. In erster Linie hören wir hier, wie ernst der Prophet Jesaja seinen Dienst auffaßte und ausübte, und auch wir können uns mit nichts Geringerem begnügen als mit der höchsten Auffassung des Dienstes unter den Menschen für Gott. Jesaja, der königliche Prophet, der Evangelist des Alten Bundes, kann bezeugen: »Der Geist des Herrn ist auf mir!« Und so durfte er sich als ein zubereitetes Werkzeug Gott zur Verfügung stellen, im Dienst für weiteren Dienst reifend.

Als der Herr Jesus zum erstenmal in Seinem Heimatort Nazareth in der Synagoge auftrat, wurde

Ihm die Buchrolle des Propheten Jesaja gegeben. Er kam gerade an Jesaja 61 und las daraus vor. Anknüpfend daran konnte Er zu den Menschen sagen, wie kein anderer es je hätte sagen können: »Heute sind diese Worte vor euren Augen erfüllt!« Welch eine Botschaft hatte Er den Armen und Demütigen zu bringen, eine Botschaft, die auch die Schwachen und Elenden, ja selbst die Kinder fassen konnten! (Luk 4, 14—22).
Jesus verband Seine Worte auch mit Taten der Gnade. Die ersten, welche Hilfe erfahren, sind die, die zerbrochenen Herzens sind! Wie viele zerbrochene Herzen gibt es, zerbrochen durch Kummer und Herzeleid, zerbrochen durch Unglück und Not, zerbrochen durch fremde Schuld und durch eigene Sünde! Der Herr Jesus macht wahr, was schon im Alten Bund Gottes liebstes Tun war: »Er heilt, die zerbrochenen Herzens sind und verbindet ihre Wunden. Groß ist unser Herr, und groß Seine Macht; Seiner Einsicht und Seines Verständnisses ist kein Maß. Er richtet auf die Elenden« (Ps. 147, 3.5; Jes. 40, 1—11).

Dienen nach Jesu Vorbild

Es ist durchaus nicht vermessen, wenn wir, die Erlösten, diese Stelle aus Jes. 61 auch für uns nehmen zur Bahn, in der wir wandeln dürfen — zur Richtschnur unseres Herzens und Tuns. Es soll uns an diesem Wort klarwerden, wozu wir eigentlich als Nachfolger Jesu Christi hier in der

Welt stehen. Nicht nur einzelne aus unserer Mitte sind zum Dienen im Geist, zum Flehen im Geist, zum Kämpfen im Geist berufen, sondern wir alle. Erlöst mit dem kostbaren Blut Jesu — begnadet mit Seinem göttlichen Leben, gerufen mit heiligem Ruf, sind wir alle zu solcher Höhe der Lebensauffassung und des Dienstes bestimmt (2. Tim. 1, 8—10).

Für die leidende und sterbende Menschheit um uns her sollte der Herr ein Heer von Jüngern haben, die Sein Herz in sich tragen und gleich Ihm den Verlorenen nachgehen in barmherziger Liebe! »Geh eilends hinaus auf die Straßen und Gassen der Stadt, und bringe hier herein die Armen und Krüppel und Lahmen und Blinden ... Geh hinaus auf die Wege und an die Zäune und nötige sie, hereinzukommen, auf daß Mein Haus voll werde!« Der Herr will heute einen heiligen Feuerbrand in dein Herz werfen, daß du erwachst für die Kürze deines Daseins in der Welt, für die Bedeutung der knappen Spanne Zeit, die dir gegeben ist. Kaufe sie aus für Gott! Keinen Tag können wir nachholen — keine versäumte Stunde, keine verträumte Minute. Darum flehen wir mit Mose: »Herr, lehre uns zählen unsere Lebenstage, damit wir ein weises Herz erlangen!« — »Betragt euch weise denen gegenüber, die noch außerhalb stehen, und nützt die Gelegenheiten und die gegebene Zeit richtig aus! Euer Wort sei allezeit liebevoll und ein Zeugnis für die Gnade!«

Wenn vom Dienen im Geiste die Rede sein soll,

dann ist uns Jesus das einzigartige Vorbild. Er zieht uns so empor zu Sich, daß wir nicht nur in unserem persönlichen Wandel, sondern auch in unserem Dienen in Seine Fußtapfen treten dürfen. Sein göttliches Leben, Sein Geist ist uns eingepflanzt, und Er ruft uns zu: »Nehmt auf euch Mein Joch und lernt von Mir!« Es ist etwas anderes, ob wir eine tote Vorschrift zu lesen bekommen, nach der wir uns richten sollen, oder ob wir jemand beobachten dürfen, der uns ganz selbstverständlich ein Leben der Barmherzigkeit und der selbstlosen Liebe vorlebt. Wie lebendig sind solche Eindrücke! Wir wissen nun, wie wir es machen sollen, und das Vorbild zieht uns mit unendlicher Kraft und Güte an (Eph. 2, 1—7).

Wenn ich selbst einst zu den Gefangenen der Finsternis gehörte, zu den Geknechteten des Teufels, dann drängt mich heute meines Erlösers wunderbare Liebe, Ihm ewiglich zu danken für Seine befreiende Macht. Ich preise Ihn, daß Er mir das Vorbild gegeben hat und daß ich nun in Seine Fußtapfen treten darf. Deutlich genug hat Er sie hinterlassen. »Christus hat für euch gelitten und euch dadurch ein Vorbild gegeben, damit ihr in Seine Fußtapfen tretet. Er tat keine Sünde, auch wurde kein Betrug in Seinem Munde gefunden. Wenn man Ihn schalt, so schalt Er nicht wieder; Er drohte auch denen nicht, die Ihm Leiden verursachten, sondern übergab Sich still in die Hände Dessen, der gerecht richtet!« »Wer da behauptet, er bleibe in Ihm, der muß auch so leben, wie Er gelebt hat.« »Jesus hat Selbst unsere Sünden an

Seinem Leibe auf das Holz getragen, damit wir, den Sünden abgestorben, nunmehr der Gerechtig=
keit leben möchten!« Paulus sagt: »Haltet euch also an mein Vorbild, wie ich mir Christus zum Vorbild nehme!«

Gesalbt und gesandt

»Gott hat Mich gesalbt und Gott hat Mich ge=
sandt« (Jes. 61, 1—3). Als von Gott Gesandter kam Jesus Christus in diese Welt, und keinen Augenblick während Seines Erdenlebens hat Er vergessen, daß Er der Beauftragte Gottes war. Nie hat Jesus die eigene Person in den Vordergrund gestellt. Die Verherrlichung des Vaters beschäf=
tigte Ihn fortwährend. In des Vaters Auftrag und unter des Vaters unmittelbarer Leitung tat Er alles. Er sagt: »Ich habe nicht aus Mir Selbst ge=
redet, sondern der Vater, der Mich gesandt hat, Er hat Mir ein Gebot gegeben, was Ich sagen und was Ich reden soll, und Ich weiß, daß Sein Gebot ewiges Leben ist! Was Ich nun rede, das rede Ich also, wie Mir der Vater gesagt hat!«

Wir vergessen so leicht, daß wir nicht uns selbst gehören, sondern um einen hohen Preis erkauft sind — daß unser himmlischer Herr Nutzen von uns haben will, daß Er Beauftragte in uns sieht, nicht nur in der Seelsorgearbeit, sondern überall, wo wir uns befinden, im Büro oder in der Fabrik, im Haushalt oder in der Landwirtschaft. Wo ir=
gend unser Arbeitsplatz ist, sollen wir Werk=

zeuge in der Hand unseres Gottes sein, auf Seinen Wink achten und Seinen heiligen Willen zur Ausführung bringen. Wem dies zum bleibenden inneren Bewußtsein geworden ist — wessen Speise es ist, den Willen Gottes zu tun, der wird imstande sein, die Aufgabe zu erkennen und zu erfüllen, die unser himmlisches Haupt ihm gegeben hat.

»Er hat Mich gesalbt — Er hat Mich gesandt!« — »Gleichwie der Vater Mich gesandt hat, sende Ich auch euch! Und als Er dies gesagt hatte, hauchte Er in sie und spricht zu ihnen: Empfanget den Heiligen Geist!« Die Salbung ist so bedeutsam wie die Sendung und die Sendung wie die Salbung. »Ihr habt die Salbung von Ihm und versteht alles. Und diese Salbung, die ihr von Ihm empfangen habt, bleibt in euch, und ihr bedürft nicht, daß jemand euch belehre, sondern wie euch diese Salbung über alles belehrt, so ist es auch wahr und ist keine Lüge. Darum, wie sie euch belehrt hat, so bleibt auch in Gemeinschaft mit Gott und mit dem Herrn Jesus!«

Ich hab im Geiste Gottes Thron gesehn,
Und Seraphim sah dort ich vor Ihm stehn,
Bereit, in Seinem Dienste auszugehn,
Doch Jesus blickt auf mich:
»Wen sende Ich?«
Fragt Er vergeblich an?
»Wer hört den Ruf? — Ist niemand auf dem Plan?« —
Hier bin ich, Herr,
Ich kann nicht, doch Gott kann,

O sende mich, ja mich!
Hier bin ich, Herr, ja sende, sende mich!
Durch Blut erkauft, bin ich nur da für Dich;
Dein Dienst ist meine Freude ewiglich.
O sende mich, ja sende mich!

Unsere innerste Herzensstellung

Es kommt sehr auf die innere Herzensstellung an, aus der heraus wir dienen. Genau dieselben Worte sind im Mund des einen Menschen etwas ganz anderes als im Mund des anderen. Es ist dieselbe Botschaft und doch, sie spricht nicht an — Gott wirkt nicht durch sie! Heilige Aufgaben können nur von Heiligen erfüllt werden. Im Dienst des Geistes gilt es zu reifen für die Dienste des Geistes.

Der Herr Jesus spricht: »Gott hat Mich gesalbt, um den Demütigen eine frohe Botschaft zu bringen!« Für die Demütigen hat Gott immer eine frohe Botschaft, immer wunderbare Gnade, denn »Gott widersteht den Hochmütigen, den Demütigen aber gibt Er Gnade«. Die Demütigen sind zugleich die Armen im Geist, die nicht auf etwas pochen, was sie in sich selbst zu besitzen glauben, sondern die alles von oben erbitten und erwarten. Wollen wir den Demütigen eine Botschaft bringen, die sie erquickt und die ihnen hilft, so wird dies nur möglich sein, wenn wir mit Jesus, dem Sanftmütigen und von Herzen Demütigen, in Verbindung bleiben. So wollen wir denn un=

ser Herz bereiten und bereiten lassen zu tiefer Beugung vor Gott!

Paulus kannte das Kleinod der Heiligen, die Demut. Er sagt zu den Ältesten von Ephesus: »Ihr wißt, meine lieben Brüder, wie ich seit dem ersten Tage, da ich nach Kleinasien gekommen bin, und während meines ganzen Aufenthaltes daselbst unter euch gewesen bin: Ich habe dem Herrn in aller Demut gedient.« — Und den Korinthern schreibt er: »Nun habe ich, Paulus, in der Sanft= mut und Milde Christi noch ein Wort der Ermah= nung an euch zu richten!«

»Er hat Mich gesandt, um zu verbinden, die zer= brochenen Herzens sind.« Es gibt so viel gehei= mes, verborgenes Leid in dieser Welt. Was hat die Sünde angerichtet und was richtet sie Tag für Tag an in Menschenherzen und Menschenleben! Was müssen schon Kinder sehen und hören — Dinge, von denen sie noch nichts ahnen sollten! Wir Erwachsenen machen uns gewöhnlich keinen Begriff davon, was all dies Dunkle, Finstere in den kleinen Herzen auslöst, die noch nicht im= stande sind, ihrer Not Ausdruck zu geben. Das geheime Leid, das verborgene Weh, das man nicht aussprechen kann, ist das schwerste.

Wen wird der Herr Jesus senden können zu sol= chen Herzen, wem wird Er für sie eine helfende und heilende Botschaft anvertrauen können? Wer ist leidgeübt, zerbrochen genug, um verbinden zu können? — Wer selbst den Trost des Herrn er= fahren durfte, kann andere in ähnlicher Lage ver= stehend trösten: »In aller Bedrängnis tröstet Er uns, und so vermögen auch wir alle die zu trösten, die sich in irgendeiner Trübsal oder Bedrängnis befinden, mit dem Trost, der uns selbst von Gott zuteil wird.«

> Wasser des Lebens, mächtige Flut —
> Komm und erfasse die Seele;
> Brennender Liebe flammende Glut
> Nie unserm Leben mehr fehle!

> Öffne Dein Buch und die Herzen nimm hin,
> An uns geschehe Dein Wille!
> Dein ganzer Reichtum sei unser Gewinn,
> Gib uns zum Dienste die Fülle!

Befreit, um die Freiheit auszurufen

»Der Geist des Herrn ist auf mir, weil Er mich gesalbt hat, Freiheit auszurufen den Gefangenen und Öffnung des Kerkers den Gebundenen!« Ist in unser Herz der helle Lichtglanz der Erkenntnis Gottes eingedrungen, so dürfen wir nicht vergessen, daß Millionen um uns her noch schmachten in den Ketten Satans, in der Gefangenschaft der Sünde. »Mache dich auf! Klage in der Nacht — beim Beginn der Nachtwachen schütte dein Herz aus wie Wasser vor dem Angesicht des Herrn! Hebe deine Hände zu Ihm empor für die Seele derer, die vor Hunger verschmachten an allen Straßenecken!«

Der Teufel ist entsetzlich raffiniert. Viele Menschen sind gebunden und wissen es nicht, und selbst Gläubige sind oft noch unter der Macht und Beeinflussung des Teufels, ohne sich darüber klarzusein. Sie sind Gefangene des Eigenwillens, Gebundene des Hochmuts oder der Selbstsucht, der Unlauterkeit, des Neides oder der Unreinheit. In vielen Dingen denken und urteilen sie wie Menschen dieser Welt. Der Gott dieser Welt ist ganz zufrieden mit ihnen und läßt sie gern in ihrer frommen Täuschung weitergehen, als ob sie frei wären und dem Herrn Jesus nachfolgten. Sie aber stehen Ihm hindernd im Weg. Ihre Gebundenheiten bestärken andere in der Sünde und mehren auf diese Weise das Elend und die Verunehrung Gottes in der Welt.

Werden solche Gläubige unglückliche, gebundene Sünder zur Freiheit führen können und die heilige Aufgabe erfüllen, zu der sie eigentlich bestimmt sind? Wie wollen sie anderen die Hand bieten zur Rettung? Es ist ganz ausgeschlossen! Der Herr kann uns nicht als Seine Werkzeuge gebrauchen, solange wir uns nicht von Grund aus umgestalten und frei machen lassen (Gal. 3, 1; 5, 13—15; 6, 15. 16).

> Löse mich vom eignen Leben,
> Herr, gib mir ein weites Herz,
> Rückhaltlos mich hinzugeben
> Für die Welt in ihrem Schmerz!

Laß Dein Feuer mich entzünden,
Nimm mich hin auf den Altar,
Dieser Welt will ich verkünden
Gottes Liebe immerdar!

Das göttliche Beglaubigungssiegel

Frage dich: Sind durch mich schon sündengebun=
dene Menschen zu freien, glücklichen Kindern
Gottes geworden? Oder bin ich selbst noch ein
Gebundener meines Ichlebens, meiner Sünde? —
Wer noch nicht andere Seelen zur Freiheit in
Jesus geführt hat, dem fehlt noch das göttliche
Siegel auf seinen Dienst! Dies gilt nicht etwa nur
für solche, die ganz in der Reichsgottesarbeit ste=
hen. Wer bekehrt ist, der ist »bekehrt, um dem
lebendigen und wahren Gott zu dienen und Sei=
nen Sohn vom Himmel zurückzuerwarten«. Sa=
lomo sagt: »Die Frucht des Gerechten ist ein
Baum des Lebens, und der Weise gewinnt See=
len!« — Von dem erlösten Israel der Zukunft
heißt es: »Von jetzt ab wird Jakob Wurzel schla=
gen — Israel knospen und blühen, und sie wer=
den mit Früchten füllen die Fläche des Erd=
kreises.«

Jesaja sagt: »Der Geist des Herrn ist auf mir,
und Er hat mich gesalbt und gesandt, . . . auszu=
rufen das Jahr der gnadenvollen Annehmung des
Herrn, ein Jahr der Huld und der Betätigung des
Wohlgefallens von seiten Gottes.« — In Israel
gab es alle fünfzig Jahre ein Jubeljahr. Da ge=

langten alle zur Freiheit, die in der vergangenen Zeit wegen Verarmung in Knechtschaft gekommen waren. Gott wollte ein Volk von freien Menschen haben; keiner sollte Knecht sein! Das war Gottes großartiger Plan für Sein Volk. Aber durch Sünde und Verkehrtheit gerieten dennoch manche Israeliten in Verschuldung und Abhängigkeit. Deshalb traf Gott diese gnadenvolle Einrichtung des Jubeljahres. Ertönten die Posaunen im ganzen Land, so mußten alle Geknechteten freigegeben werden. Auch der Erbbesitz an Land, den jeder Israelit hatte, mußte, wenn er wegen Verarmung veräußert war, in dem fünfzigsten Jahr dem einstigen Eigentümer wieder zurückgegeben werden.

Diese Ordnung Gottes im israelitischen Volksleben wird hier geistlich verwertet. Die wunderbare Zeit, seit unser Herr Jesus das Erlösungswerk auf Golgatha vollbracht hat bis auf den heutigen Tag, bildet ein ununterbrochenes Jubeljahr, den Tag des Heils! — die Gnadenzeit! Jedem vor Gott verschuldeten Sünder ist das Tor zur Erlösung, zur wahren Freiheit weit aufgetan. Jesus sagt: »Ich bin der Weg, die Wahrheit und das Leben . . . Ich bin die Tür; wenn jemand durch Mich eintritt — in die Gnade und Gemeinschaft Gottes, der wird gerettet werden und wird frei ein- und ausgehen und gute Weide finden für seine Seele« (Joh. 10, 9; Gal. 5, 1). — Herr Jesus, nichts soll, nichts darf mich hindern, Dein Werkzeug zu sein von heute ab — zur Rettung verlorener Menschen!

Wir müssen die Menschen mit größter Liebe und größtem Ernst warnen vor dem nahenden Zorn Gottes

»Der Geist des Herrn ist auf mir, und Er hat mich gesalbt und gesandt . . . auszurufen das Jahr der gnadenvollen Annehmung des Herrn, das Jahr Seiner Huld und Seines Wohlgefallens; dann aber auch den Tag der Rache unseres Gottes!« — Auf das Jahr der Erlösung und der gnadenvollen Annehmung folgt der große Tag der Rache Gottes. Unmittelbar an die Darlegung des Heils, wie es uns in dem Herrn Jesus geschenkt ist, knüpft der Apostel Paulus die Ankündigung an: »Denn es wird geoffenbart der Zorn Gottes vom Himmel her über alle Gottlosigkeit und Ungerechtigkeit der Menschen, die die Wahrheit durch Ungerechtigkeit unterdrücken.«

Paulus scheut sich nicht, in Verbindung mit dem herrlichen Evangelium den großen Gerichtstag Gottes anzusagen und zu schildern; er ist es den Menschen schuldig. Sonst ergreifen sie nicht zur rechten Zeit das Heil und die ewige Seligkeit, die ihnen jetzt noch in so großer Liebe angeboten wird. Sie sollen gewarnt werden vor dem gerechten Zorn Gottes über ihre Sünde — vor der ewigen Strafe und Verdammnis! Sie sollen diesem Zorn noch entfliehen, solange die Tür der Gnade offensteht. Gott will nicht, daß irgend jemand verlorengehe: »So sehr hat Er die Welt geliebt, daß Er Seinen eingeborenen, geliebten Sohn opferte, damit jeder, der sich Ihm, dem Sohn Got=

tes, anvertraut, nicht verlorengehe, sondern das ewige Leben habe!« Je kostbarer ein Geschenk ist, desto undankbarer und frevelhafter ist es, achtlos an demselben vorüberzugehen oder gar es abzulehnen. »Wie werden wir dem göttlichen Zorn entrinnen, wenn wir ein so großes Heil mißachten — eine so wunderbare Rettung vorbeigleiten lassen!« ruft der Schreiber des Hebräerbriefes.

»Gott ist ja in Christus erschienen und trat den Menschen voll versöhnender Gnade nahe. Er rechnete ihnen ihre Übertretungen und Sünden nicht zu und hat uns den Auftrag gegeben, überall die Botschaft von der Erlösung zu verkündigen. So sind wir nun Christi Gesandte an die Menschheit; Gott ruft sie durch uns. Wir bitten in Christi Namen: Laßt euch versöhnen mit Gott!« — »Wahrlich, in keiner Weise brauche ich mich dieser wunderbaren Botschaft zu schämen, bedeutet sie doch Gottes Kraft zur Rettung und zum Heil jedem, der sie glaubt — jedem, der sich ihr anvertraut—, dem Juden zuerst und auch dem Griechen. Im Evangelium wird ja Gottes Gerechtigkeit geoffenbart auf dem Grundsatz des Glaubens und damit geglaubt werde — wie geschrieben steht: Der Gerechte wird durch sein Vertrauen leben.«

Wir dürfen niemand täuschen

»Der Geist des Herrn ist auf mir, und Er hat mich gesalbt und gesandt . . . um zu trösten alle

Trauernden, um den Trauernden Zions aufzu=
setzen und ihnen zu geben Kopfschmuck statt
Asche, Freudenöl statt Trauer, ein Ruhmesgewand
statt eines verzagten Geistes; damit sie genannt
werden Terebinthen der Gerechtigkeit, eine Pflan=
zung des Herrn, zu Seiner Verherrlichung.« —
Wir dürfen Gott kennen und verkündigen als
den Gott aller Gnade und allen Trostes.

> Es gibt im Leben ein Herzeleid,
> Das ist wie die weite Welt so weit —
> Das ist wie Bergeslasten schwer,
> Das ist so tief wie das tiefste Meer.
>
> Das ist das tiefe Herzeleid,
> Wenn um die Sünde die Seele schreit —
> Wenn die Träne rinnt um der Sünde Last,
> Wenn um die Sünde die Wang erblaßt!
>
> Und dieses tiefe Herzeleid,
> Das heilt kein Balsam dieser Zeit,
> Das stillt kein Zauber von Lieb und Lust —
> Das tötet kein Tod in der Menschenbrust!
>
> Und für dies große Herzeleid,
> Dafür hat der Mittler Sein Leben geweiht!
> Wer zu Ihm flieht in der Gnadenzeit,
> Dem wird ewig gestillt dies Herzeleid!

Wenn die Sünde das größte Herzeleid und der
größte Kummer in der Welt ist, so ist die Bot=
schaft von der Erlösung durch den Herrn Jesus

das einzige Heilmittel, der einzige wahre Trost für alle Traurigen, für alle, die im Staub liegen vor dem Angesicht Gottes. — Wie nahe müssen wir dem Herrn stehen, wenn wir diesen Tröster= dienst richtig ausüben wollen! Der Teufel gibt dem Menschen so viel falschen Trost — auch from= men Trost, ein gefälschtes Evangelium, und sucht ihn mit frommen Worten über seinen gefähr= lichen Zustand zu täuschen. Wir wollen darüber nachsinnen, wie Johannes der Täufer den From= men gedient hat (Matth. 3, 5—12).

Tausende in der Christenheit trösten sich und an= dere irrtümlich und verkehrt mit dem Evan= gelium. Gott aber läßt Sich auf einen Mißbrauch Seiner herrlichen Gnade in keiner Weise ein; denn Er ist der Gott der Wahrheit! Und Sein Wort ist »voll Leben und Kraft und schärfer als das schärfste Schwert; es dringt durch, bis es scheidet Seele und Geist, Gelenke und Mark«. Es deckt also die geheimsten Tiefen des mensch= lichen Inneren auf. — »Ja, das Wort Gottes ist ein richtender Beurteiler der Gedanken, Beweggründe und Absichten des Herzens! Und nichts in der ganzen Schöpfung ist vor Ihm unsichtbar, son= dern alles liegt bloß und aufgedeckt vor den hei= ligen Augen Dessen, mit dem wir es zu tun haben!« —

Gerade die strafende Macht des göttlichen Wor= tes, die alles bloßlegt und tötet, was nicht gött= lich ist in unserem Denken und Arbeiten, ist noch so wenig gekannt und geliebt unter dem Volke Gottes! Und doch wird uns all das Neue, das der

Geist Gottes offenbart, nur insoweit vermittelt werden können, als wir Schritt für Schritt durch Töten und Absterben den Weg in unserem Inner=sten freimachen dafür. Paulus schreibt: »Da wir dem abgestorben sind, in welchem wir bisher fest=gehalten wurden, so vermögen wir Gott zu die=nen in dem Neuen des Geistes!« Es ist erschrek=kend, aber es ist Tatsache, daß auch der Dienst am Wort Gottes und selbst der Dienst der Seel=sorge in die Hand genommen werden kann von Menschen, die wohl die geistlichen Wahrheiten äußerst klar und biblisch erfassen, von ihrer inneren Kraft und Wirklichkeit aber noch nichts besitzen! Der »seelische Mensch«, das ist der na=türliche Mensch (1. Kor. 2, 14), kann sich die geistlichen Güter auf seine Weise aneignen und sie auch sehr begabt verwerten. Dabei aber kann ihm das gottgewirkte Verständnis dafür fehlen. Er besitzt nichts davon (Matth. 7, 16—23). »Sie halten an den äußeren Formen der Frömmigkeit fest, aber sie geben ihr keinen Einfluß auf ihr praktisches Leben, sondern verleugnen deren Kraft. Sie geben vor, Gott zu kennen, und verleug=nen Ihn doch mit ihrem ganzen Tun. So sind sie Gott ein Greuel und sind ungehorsam, zu jedem guten Werk untüchtig!«

Himmelweit entfernt von dieser Art der »geist=lichen« Tätigkeit ist der Dienst, wie er in der Kraft und Wirklichkeit des Heiligen Geistes ge=schehen sollte. »Gib ihnen durch dein Betragen in allen Dingen ein gutes Vorbild, verkündige die Lehre Christi unverfälscht und mit würdigem

Ernst. Das Wort, das du darbietest, sei gesund und unanfechtbar, damit jeder Widersacher beschämt werde, weil man uns nichts Schlechtes nachsagen kann.« »So sei denn eifrig bestrebt, vor Gott tadelfrei und bewährt dazustehen als ein Arbeiter des Herrn, der sich seines Dienstes und seiner Arbeit nicht zu schämen braucht, der das Wort der Wahrheit richtig und den Hörern angemessen darbietet, indem er klar unterscheidet, was er diesen und was er jenen zu sagen hat.«

VOM ERQUICKTWERDEN IM GEIST

Der Herr ist mein Hirte, mir wird nichts mangeln. Er lagert mich auf grünen Auen und führet mich zu stillen Wassern. Er erquickt meine Seele. Er führt mich auf Pfaden der Gerechtigkeit um Seines Namens willen (Ps. 23, 1—6). Der Hirtendienst ist ein mühsamer, viele Opfer erfordernder Dienst. In der Welt wird er nicht hoch geachtet. Der Allerhöchste aber läßt Sich herab, den Menschenkindern, die einmal nach Seinem Bild geschaffen wurden und die so tief gefallen, so weit abgeirrt sind, nachzugehen und sie an Sein Herz zu sammeln! »Er geht dem Verlorenen nach, bis Er es findet.«

Wer in die Anfangsworte unseres Psalmes einstimmen kann: »Der Herr ist mein Hirte!«, der muß die suchende Hirtengnade unseres Herrn persönlich erfahren haben. Er befindet sich in der Hut und unter der Huld dieses unaussprechlich großen liebenden Hirten. Wir sind Ihm unendlich teuer. Es liegt Ihm alles an unserem inneren Leben, an unserer normalen Entwicklung! Eifrige Fortschritte in der Gnade sollen wir machen.

Keinen Aufenthalt, keinen Abweg soll es in unserer inneren Geschichte geben. »Der Pfad des Gerechten ist wie das glänzende Morgenlicht, das stets heller leuchtet bis zur vollen Tageshöhe!«
Wir wollen nie vergessen, wer es ist, der die Pflege unseres inneren Lebens so ganz persönlich in Seine Hand und auf Sein Herz genommen hat. Es ist Jesus, der Herr der Herrlichkeit, der einst die Schrecken unseres Strafgerichts, die Schuld unseres Lebens an Seinem Leibe und in Seiner Seele getragen hat am Kreuzesstamm. Er hat eine völlige Erlösung für uns vollbracht, und nichts Geringeres genügt Ihm für meine Seele, als daß ich in der vollen Freiheit und Segnung, in der Kraft und in dem Sieg des göttlichen Lebens, das Er mir geschenkt hat, Ihm nachfolge und Ihm diene (Röm. 8, 29. 30).
Er, mein großer Hirte, sieht mich schon im Geist als zur Herrlichkeit gebracht an, so wie Mose im Blick auf das Volk Israel schon am Ufer des Roten Meeres, als noch die ganze Wüstenreise nach Kanaan vor ihnen lag, jubeln konnte: »Herr, Du hast durch Deine große Güte geleitet das Volk, das Du erlöst hast — hast es durch Deine Stärke gebracht zu Deiner heiligen Wohnung! Ja, Du wirst sie bringen und pflanzen auf den Berg Deines Erbteils, an die Stätte, die Du, Herr, zu Deiner Wohnung gemacht — zu dem Heiligtum, das Deine Hände bereitet haben!« Deshalb darf ich rühmen: »Ich werde wohnen und bleiben im Hause des Herrn immerdar!« In dem Gleichnis Lukas 15, 1—7 sehen wir, daß der gute Hirte das

Schaf, das Er mit so großen Opfern und Mühen gesucht und gefunden hat, nicht wieder von Seinen starken Schultern läßt, bis Er es heimgebracht hat! »Meine Schafe hören Meine Stimme, und Ich kenne sie, und sie folgen Mir, und Ich gebe ihnen das ewige Leben! Und sie gehen nicht verloren ewiglich, und niemand soll sie aus Meiner Hand reißen! Mein Vater, der sie Mir gegeben hat, ist größer als alles, und niemand kann sie aus Meines Vaters Hand reißen. Ich und der Vater sind hierin eins!«

> Schafe Seiner Herde
> Lieben ihren Herrn;
> Dicht an Seinem Herzen
> Ist ihr Platz so gern!
>
> Seine Stimme ruft sie,
> Seine Hand regiert;
> Seines Blickes Treue
> Sie in Frieden führt!

Ist mir das Geweidetwerden meiner Seele — das Reifen meines inneren Menschen das Allerwichtigste?

»Der Herr ist mein Hirte, mir wird nichts mangeln« (Ps. 23, 1—6). Vertrauende Kinder Gottes sprechen diese Worte immer wieder voll Zuversicht im Blick auf ihr äußeres Durchkommen. Es ist ein großer Sieg in unserem Leben, wenn wir für uns und die Unsrigen uns begnügen mit dem, was der Herr uns augenblicklich gibt, und die ruhige, sichere Überzeugung haben: »Er wird auch bis ans Ende all unsere äußeren Bedürfnisse stillen, entsprechend Seinem Reichtum an Herrlichkeit!« Er hat versprochen: »Ich will dich nicht versäumen und dich nicht verlassen!« So dürfen wir kühn sprechen — gerade im Blick auf unsere Versorgung in der Zukunft: »Der Herr ist mein Helfer; ich will mich nicht fürchten; was könnte der Mensch mir tun?« (Matth. 6, 24—34; 2. Sam. 22, 7).

Heute nun wollen wir unseren Psalm auch noch in einem höheren Licht verstehen — im Blick auf unser geistliches Leben. Denn daß dieses sieghaft und herrlich zum Durchbruch und zur Entfaltung komme in einer Welt, wo ihm alles entgegen ist, das ist das noch größere Wunderwerk, das der Herr Jesus Sich vorgenommen hat im Blick auf jede einzelne Menschenseele, die sich Ihm anvertraut! Er, »der große Hirte Seiner Schafe«, den Gott »wiedergebracht hat aus den Toten« — Er Selbst ist der Hüter deiner Seele, der Bewahrer und Förderer deines inneren Lebens (Ps. 16,1; 1. Thess. 5, 23. 24). Es ist beglückend zu wissen: Er kann unser ganzes Leben von Anfang bis zu Ende in den göttlichen Bahnen erhalten und sieghaft durchführen, wenn uns stets dies eine als das Höchste und Wichtigste vor Augen steht: »Trachtet am ersten nach dem Königreich Gottes und nach Seiner Gerechtigkeit, dann wird euch das übrige alles zufallen!«

Unser großer Hirte zur rechten Hand Gottes im Himmel sagt von Seinen Schafen: »Sie sollen sich nicht mehr fürchten und nicht erschrecken noch vermißt werden! . . . Siehe, Ich bin da, Ich will nach Meinen Schafen fragen und Mich ihrer annehmen. Ich will Selbst Meine Schafe weiden, und Ich will sie lagern! . . . Das Verlorene will Ich suchen, und das Versprengte will Ich zurück= führen, das Verwundete will Ich verbinden und das Kranke heilen und stärken.« Wie wichtig, daß wir persönlich verstehen lernen, in welcher Weise unser guter Hirte vom Himmel her Seinen Dienst an uns tun will! Der Verfasser des 119. Psalmes, der sicher schon ein sieghaftes Le= ben der Weihe für Gott führte — er bittet immer von neuem um diesen Hirtendienst seines Herrn: »Ich bin (in meinen Kümmernissen und Nöten) umhergeirrt wie ein verlorenes Schaf; Herr, suche Deinen Knecht, denn ich habe Deine Gebote nicht vergessen!«

> Halte mich ganz nah bei Dir,
> Weil der Weg so schmal.
> Führe mich an sichrer Hand
> Durch das dunkle Tal!
> Nimm durch Deinen Frieden fort
> Meines Herzens Not,
> Laß mich nimmermehr allein,
> Du, mein Heiland=Gott!

*Die demütigende, zu herrlicher Erkenntnis
führende Hirtenliebe unseres Herrn Jesus*

Er, der gesprochen hat: »Mir ist gegeben alle Gewalt im Himmel und auf Erden...« und »Siehe, Ich bin bei euch alle Tage bis zur Vollendung des Zeitalters« — Er streckt heute Seine Hände segnend aus über Seine Jüngerschar, wie Er es einst tat, als Er zum Himmel auffuhr. Alle inneren Gnaden sind uns in Fülle geschenkt in Ihm, und der Heilige Geist macht sie wirksam und lebendig in unserem Herzen und Leben, indem Er uns in neuer Weise die Schrift auftut! »Ich danke meinem Gott allezeit im Blick auf die Gnade Gottes, die euch gegeben ist in Christus Jesus. Ich freue mich, daß ihr in Ihm in allen Stücken reich gemacht worden seid — im Verständnis des Wortes und in der Erkenntnis göttlicher Dinge. Denn das Zeugnis unseres Herrn Jesus Christus ist unter euch bestätigt und befestigt worden, so daß ihr in keiner Gnadengabe Mangel habt!«

Welch ein Buch hat Gott uns in die Hand gegeben mit einer Fülle von Unterweisung, Licht und Heil! Wenn wir uns von unserem guten Hirten auf diese Weide führen lassen, dann werden alle Kräfte des neuen Lebens in Tätigkeit gesetzt; wir freuen uns der herrlichen Gnade Gottes und erstarken in ihr!

Woher kommt es nun, daß es auch Gläubige gibt, die innerlich arm und leer sind — die sich kaum etwas im Glauben aneignen von all den Möglichkeiten und Kräften, die die Gnade Gottes uns zu-

spricht? Sie freuen sich zu wenig an ihrem himm=
lischen Hirten! Sie schöpfen nicht dankbar aus
der Fülle Seiner Gnade und Erkenntnis. Sie lagern
sich nicht auf den grünen Auen und trinken nicht
aus den erquickenden Lebensquellen! Sie lesen
und forschen nicht eifrig in ihrer Bibel, obwohl
ihnen heute so viel Hilfe angeboten wird zum
tiefen Eindringen in all diese Schätze!
Wenn Gläubige über inneren Mangel und innere
Dürre zu klagen haben, so trägt ihr Unglaube
und ihre Trägheit die alleinige Schuld. Durch Un=
gehorsam und Hochmut stellen sie den Gnaden=
wirkungen Gottes Hindernisse in den Weg! Was
will man sagen, wenn vor einem Hungrigen ein
reicher Tisch gedeckt wird, wenn er so freundlich
aufgefordert wird, seinen Hunger zu stillen —
und er tut es nicht? — Glückselig die Herzen, die
im Bewußtsein ihres Mangels hören auf den Ruf
der Gnade. »O ihr Durstigen alle, kommt her
zum Wasser, und die ihr kein Geld habt, eilt her=
bei, kauft und eßt!«
David rühmt: »Er erquickt meine Seele!« Es ist
für ein Kind Gottes gar nicht schwer, täglich eine
erquickte Seele zu haben. Die gute Weide, das
Lebenswasser ist da; wir brauchen unser Herz
nur weit aufzutun! Wer lechzt nach den Geboten
und Offenbarungen des Herrn, der kann stark
werden in der Gnade.
Das Wort kann auch übersetzt werden: »Er bringt
meine Seele wieder zurecht!« Wie leicht wird un=
sere Seele durcheinander gebracht — unser Friede
gestört! Unserem Hirten liegt alles daran, uns

wieder zurechtzubringen! Dazu brauchen wir ein aufrichtiges, demütiges Herz, das, ohne sich zu schonen, sich bis auf den Grund beugt und rei=
nigt!

Hast du eine zur Ruhe gekommene Seele?

»Er läßt mich lagern auf grünen Auen; Er führt mich zu stillen Wassern« (Ps. 23, 1—6). In dem Wort »lagern« liegt ein völliges Zur=Ruhe=ge=
kommen=Sein. Es gibt sehr wenige wirklich zur Ruhe gekommene Gläubige. Die Seele der mei=
sten ist gewöhnt, in inneren Spannungen und Ichkämpfen zu stecken oder aber gleichgültig und oberflächlich weiterzulaufen, ohne das innerste Hungern der eigenen Seele zu beachten. Was eigentlich ein Leben im Geist ist — dieses Leben der Glückseligkeit im täglichen und stündlichen Tun des Willens Gottes, dieses Leben der stillen Kraft und des Sieges, des Überwindens durch Den, der uns liebt —, wenige Erlöste kennen es! Und doch ist es uns von Gott bereitet! Der gute Hirte bietet es allen ohne Unterschied voll Liebe an. Und unser Innerstes, wenn wir es wirklich befragen, sagt uns, daß dieses Heil allein retten und unser tiefstes Verlangen stillen kann!

Doch einer ist da, der uns dieses Zur=Ruhe=Kom=
men unserer Seele nicht gönnt! Jesus spricht: »Der große Dieb, er kommt, um zu stehlen und zu schlachten und zu verderben! Ich bin gekommen,

auf daß ihr Leben habt — Leben in Überfluß und volle Genüge!«
Wie beraubt das innere Leben vieler Erlöster ist, ohne daß sie selbst sich darüber klar sind, läßt sich nicht aussprechen! Es geht vielen Gläubigen wie einem Menschen, der nie in seinem Leben gesund war. Er weiß gar nicht, wie sich ein Gesunder fühlt. Wie herrlich, wenn er in die Behandlung eines guten Arztes kommt, der ihn noch zu voller Gesundheit bringt. Nun erst — im Rückblick — sieht und empfindet er, was er all die Jahre entbehrt hat; er schätzt und genießt das Gesundsein doppelt.

Der Heilige Geist möchte es dir heute aufschließen, wie dieses wunderbare göttliche Leben ist, das uns unser hochgelobter Heiland vom Himmel her gebracht hat, indem Er in unsere von Weh und Sünde zerrissene, finstere Welt kam. Und nun ist Er als unser himmlischer Hirte droben in der Herrlichkeit. Von dort aus will Er Seine Schafe täglich weiden auf den herrlichen Auen Seines Wortes — sie hinführen zu den Quellen des Wassers des Lebens! So setzt Er uns in den Stand, jenes überquellende himmlische Leben zu führen in demütiger, selbstloser Liebe zu den Menschen und in heiliger, verborgener Weihe für Gott (Joh. 4, 13. 14).

> Du hast mich zuerst geliebt,
> Und mein Herz ist Dein!
> Niemals kann ich Dir genug
> Dafür dankbar sein!

Wie man es jeden Morgen machen darf

»Er lagert mich auf grünen Auen; Er führt mich zu stillen Wassern.« Der treue Knecht Gottes, Georg Müller, schrieb ein kleines Büchlein, das vielen zur inneren Hilfe wurde. Darin sagt er unter anderem: »Es ist mir klargeworden, daß es mein größtes und wichtigstes Anliegen sein muß, daß meine Seele fröhlich sei in dem Herrn, denn die Schrift sagt: »Die Freude am Herrn ist eure Stärke« (Neh. 8, 10 b). Wir wollen uns nicht nur darüber Gedanken machen, wie wir dem Herrn dienen wollen und Ihn verherrlichen können, sondern auch darum besorgt sein, daß unsere Seele in beständiger Freude bleibt. Denn es ist wahr: »Ein fröhliches Herz bringt gute Besserung, aber ein zerschlagener Geist vertrocknet das Gebein!«

Es gilt, unserem inneren Menschen immer neu die Kräfte von oben zuzuführen, davon er leben und erstarken kann. — Es mag jemand den Unbekehrten das Evangelium nahebringen, den Gläubigen zum Segen sein und die Traurigen trösten; er mag sich auch in seinem Wandel keinen Tadel bei den Menschen zuziehen! Und doch ist er selbst nicht wahrhaft glücklich in dem Herrn Jesus — weil er noch nicht gelernt hat, im Geist zu leben, und sein inwendiger Mensch nicht die Erquickung und das Emporgehobensein genießt, das der Herr Jesus für ihn bereit hat!

»Der Herr aber richte eure Herzen auf die große Liebe, mit der Gott uns liebt, und auf die Aus=

dauer, mit welcher Jesus Christus für uns besorgt ist!«

»Früher hatte ich die Gewohnheit, morgens sogleich ins Gebet zu gehen, wenn ich mich angekleidet hatte, und dies mag in vielen Fällen das richtige bei Beginn des Tages sein. Doch augenblicklich erkenne ich es als das Wichtigste, etwas aus der Schrift zu lesen und darüber nachzusinnen. Auf diese Weise wird mein Inneres emporgehoben und ermutigt oder auch gewarnt, gestraft und unterwiesen. So arbeitet der Heilige Geist durch das Wort Gottes an meinem Herzen und bringt mich in nahe Gemeinschaft und Vertrautheit mit meinem Herrn.

Zuerst bitte ich den Herrn in kurzen Worten um Sein Wirken an mir bei der Betrachtung Seines kostbaren Wortes; dann sinne ich darüber nach, indem ich Vers um Vers betend durchdenke. Ich tue das, um für mich selbst, für meinen inneren Menschen Gewinn daraus zu haben — nicht etwa, um für eine Ansprache, die ich zu halten habe, eine gewisse Vorbereitung zu finden. Ich brauche einfach Nahrung für meine Seele!

Diese stille Weise, mein Inneres unter die Wirkung des Wortes Gottes zu bringen, führt mich oft schon nach wenigen Minuten dazu, daß ich in Seinem Licht irgendeinen Fehler erkenne und ihn unter Beugung vor dem Herrn ablegen darf. Oder aber das gelesene Wort löst in meinem Inneren Bewunderung und Lobpreis aus für meinen herrlichen Gott! In anderen Fällen wurde ich schon durch ein Wort der Schrift zum Flehen für irgend jemand gedrängt, oder ich fühlte mich zu inniger Anbetung und Danksagung vor Gott veranlaßt!«

Jeden Tag mit einer erquickten Seele beginnen

»Er erquickt meine Seele!« — »Wenn ich mich bei der schon beschriebenen Art meiner Morgenstille auch nicht immer auf längeres Gebet einstellte, sondern mich mehr dem Nachdenken über Gottes Wort widmete, so wurde doch fast unmittelbar Gebet daraus. Und wenn ich ein Schuldbekenntnis, eine Fürbitte oder eine Danksagung, einen Lobpreis vor meinen herrlichen Gott gebracht habe, dann wende ich mich dem nächsten Wort und Vers zu und mache alles zum Gebet für mich selbst oder für andere, je nachdem, wie der Inhalt des gelesenen Wortes es mit sich bringt. Dabei behalte ich stets im Auge, daß Ernährung und Erquickung meiner Seele der Zweck dieser stillen Stunden und der Zweck meines Nachsinnens über das Wort Gottes ist. Auf diese Weise ist mein Aufnehmen der göttlichen Worte mit viel innerem Gebet verbunden. Flehen für mich selbst und für andere, Danksagung, Bekenntnis einer entdeckten Sünde und Hinwegschaffen derselben unterbrechen mein Lesen und Forschen. Meine Stille ist ein Sitzen zu Jesu Füßen — ein Lernen bei Ihm und von Ihm!
Wenn dann die Zeit meines Alleinseins mit Gott vorüber und die Zeit des Morgenfrühstücks da

ist, bin ich fast immer mit Mut und Freudigkeit für den neuen Tag angetan. Mein Herz ist voll Frieden und Glückseligkeit. Ich fühle mich auch gestärkt im Blick auf die Proben und Widrigkeiten, die der Tag bringen wird, und ich erfahre immer wieder, wie leicht es mir nun gemacht ist, in den kleinen und größeren Unannehmlichkeiten ein Überwinder zu sein und liebevoll zu bleiben.

Zugleich hat mir der Herr auf diese Weise in meiner Morgenbegegnung mit Ihm vieles geschenkt in Seinem Wort, das entweder bald oder in späteren Zeiten anderen zur Förderung und Hilfe für ihr inneres Leben dient — obwohl ich meine Morgenstille nicht zur Vorbereitung für den Dienst am Wort Gottes brauchen wollte, sondern zu meiner eigenen Stärkung und Förderung über das Wort der Schrift nachgedacht hatte.

Ähnlich habe ich es auch gemacht, wenn ich aus Rücksicht für meine Gesundheit täglich ein wenig ins Freie gehen mußte. Ich bin dann durch die Felder gewandert oder habe mich im Sommer auf eine Bank gesetzt, wenn ich das Wort Gottes in mich aufnahm und darüber nachsann. Und ich finde, daß ich so die Zeit, die ich im Freien verbrachte, sehr nutzbringend angewendet habe. Wie ist es doch so ganz anders, wenn unsere Seele am frühen Morgen schon auf solche Weise erfrischt und fröhlich ist in ihrem Gott — wenn die Arbeit, die Anfechtungen und Versuchungen des Tages nicht über uns kommen, ohne daß wir innerlich auf sie vorbereitet sind! »Ich aber, ich

will im Blick auf Deine große Güte, o Herr, ein=
treten in Dein Haus — ich will anbeten in Ehr=
furcht vor Dir angesichts Deines heiligen Tem=
pels! — Leite mich, Gott, in Deiner Gerechtigkeit;
ebne vor mir Deinen Weg! So werden sich freuen
alle, die auf Dich trauen. Ewig werden sie vor
Dir jubeln, und Du wirst sie beschirmen, ja, in
Dir werden frohlocken, die Deinen Namen lie=
ben« (Ps. 119, 9—16).

Morgen für Morgen zuerst allein mit Gott

»Der Unterschied zwischen meiner früheren und
jetzigen Praxis ist folgender: Früher pflegte ich,
wenn ich aufgestanden war, die ganze Zeit, eine
bis anderthalb Stunden vor dem Morgenfrüh=
stück, im Gebet zuzubringen. Fast immer fing ich
mit dem Gebet an; nur wenn ich mich außerge=
wöhnlich öde, arm und leer im Herzen fühlte,
las ich zuvor Gottes Wort, um meinen inwendi=
gen Menschen dadurch zu erfrischen und zu be=
leben. Aber was war die Folge davon, daß ich
dies nur in Ausnahmefällen tat? — An solchen
Tagen, wo ich mit Beten anfangen und das Le=
sen der Heiligen Schrift auf nachher verlegen
wollte, brachte ich oft eine längere Zeit auf mei=
nen Knien zu, ehe meine Seele bewußte Ermuti=
gung oder Hilfe erfuhr! Ich litt sehr darunter,
wenn ich merkte, daß in der ersten Viertelstunde
meine Gedanken umherschweiften und ich erst
nach und nach richtig ins Gebet hineinkam! Die=

sen Kummer kenne ich heute kaum noch, da ich jetzt durch des Herrn Gnade gleich dafür sorgen darf, daß meine Seele erquickt wird. Ich nehme zuerst das Wort Gottes zur Hand! Wenn dann mein Herz von der göttlichen Wahrheit erfaßt und in die Gemeinschaft mit meinem Gott hineingezogen wird, so rede ich hernach mit Ihm, meinem Vater, über das, was Er Selbst in Seinem Wort mir nahegebracht hat. Und so ist es mir leicht gemacht, Ihm nahezukommen! Seit Gott mich in dieser Sache unterwiesen hat, ist es mir ganz klar, daß ein Kind Gottes Morgen für Morgen zuerst nach Stärkung für seinen inwendigen Menschen ausschauen darf, um dann kraftvoll beten und flehen zu können!

Wie unser äußerer Mensch nicht so sehr viele Stunden arbeiten kann, ohne Nahrung zu sich zu nehmen, so ist es auch bei unserem inneren Menschen. Nahrung, Kraft und Erquickung für meinen inneren Menschen bringt mir das Nahen zu meinem Gott und die dankbare, aufmerksame Beschäftigung mit Seinem Wort. Manche Gläubige lesen allerdings ganze Kapitel der Bibel hintereinander weg, ohne betend aufzumerken und nachzudenken, ohne zu ihrem himmlischen Herrn aufzublicken! Sie müssen sich nicht wundern, wenn sie weder inneres Verständnis für das Gelesene noch Erquickung für ihre Seele erlangen. Es ist ein großes Unrecht, auf solch tote, trockene Weise das Wort Gottes zu lesen; denn dabei wird unser Herz immer unempfänglicher und unfähiger für göttliche Unterweisung, dazu

noch bestärkt in der irrigen Meinung, etwas Frommes und Gottwohlgefälliges zu tun. Nein, gerade das betende Nachdenken über göttliche Worte und göttliche Dinge, gerade das aufrich= tige, demütige Zu=Herzen=Nehmen der göttlichen Botschaft, das Sich=Erquicken an dem Herrn Jesus Selbst ist von solcher Bedeutung« (Joh. 6, 47—58).
Was Georg Müller hier sagt, soll natürlich keine bindende Vorschrift für irgend jemand sein. Es kann auch Zeiten geben, in denen wir uns ge= drungen fühlen, zuerst länger im Gebet zu ver= harren und erst hernach in der Schrift zu forschen. Wo der Geist des Herrn ist, besteht auch in der Einteilung und Verwendung unserer stillen Zeit vor Gottes Angesicht die größte Freiheit! Doch wird das Gesagte den nach Gott dürstenden Her= zen eine wertvolle Hilfe sein. »Herr, laß mich verstehen den Weg Deiner Vorschriften, und ich will sinnen über Deine Wundertaten!«

Du deckst mir einen Tisch vor den Augen meiner besiegten Feinde

Es ist beglückend, den 23. Psalm zu lesen im Licht einer neuerkannten Herrlichkeit unseres Herrn. Er, der Hirte auf dem himmlischen Thron, führt mich in all die himmlischen Segnungen und Erquickungen hinein. Er tut dies zum Ruhm Seines Namens und um mir mehr von Seiner Macht und Größe zu offenbaren.
»Du deckst mir den Tisch vor den Augen meiner

besiegten Feinde!« — Herr Jesus, Du hast einen völligen Triumph gehalten und diese mächtigen Feinde, die Fürsten und Gewaltigen der Finsternis, aller Macht entkleidet! Keinerlei Recht hat der Teufel mehr, irgendeinen Menschen in seiner Gewalt zu halten, am wenigsten die Geliebten Christi! Ihnen allen gilt der Ruf, der später für das Israel der Endzeit erschallen wird: »Wache auf, wache auf! Kleide dich, Zion, in deine Macht! Lege deine Prachtgewänder an, Jerusalem, du heilige Stadt! — Denn hinfort soll kein Unbeschnittener und kein Unreiner in dich eintreten! Schüttle den Staub von dir ab, erhebe dich und stehe auf, nimm deinen richtigen Platz ein, Jerusalem! Mache dich los von den Fesseln deines Halses, du gefangene Tochter Zion — umsonst seid ihr einst verkauft worden, so sollt ihr nun auch unentgeltlich gelöst werden! — Darum soll Mein Volk Meinen Namen kennenlernen — darum an jenem Tage erfahren, daß Ich es bin, der da spricht: Hier bin Ich — zu eurer Verfügung!«

Der besiegte, ohnmächtige Feind muß zusehen, wie der gute Hirte mich erquickt mit dem verborgenen Manna — wie Er mich labt mit Worten der Schrift —, mit den »reichen Gütern Seines Hauses, mit dem Heiligen Seines Tempels«! Ich habe einen Vorschmack von dem, was in der Herrlichkeit in vollendeter Weise der Fall sein wird: »Die Erlösten des Herrn sind vor dem Thron Gottes und dienen Ihm Tag und Nacht in Seinem Tempel. Und Er wird auf dem Throne sitzen. Er errichtet Sein Zelt über ihnen. Sie werden nicht mehr hungern, auch werden sie nicht mehr dürsten, noch wird je die Sonne auf sie fallen oder irgendeine Glut. Denn das Lamm, das in der Mitte des Thrones ist, wird sie weiden und sie hinführen zu den Quellen des Wassers des Lebens!«

Schon in der Ewigkeit vor der Zeit hat Gott Seine verborgene Weisheit in einem Geheimnis niedergelegt für uns — zu unserer Herrlichkeit. Und nun ist uns der Heilige Geist ins Herz gegeben, der uns vertraut macht mit all den Freuden und Erquickungen, die Gott uns schon von Ewigkeit her bestimmt hat: »Was kein Auge gesehen und kein Ohr gehört und in keines Menschen Herz gekommen ist, das hat Gott bereitet für die, die Ihn lieben« (Offb. 21, 1—8).

Auf den ewgen Bergeshöhen liegt ein helles Morgenrot

»Auch wenn ich wanderte durchs Tal des Todesschattens, fürchte ich nichts Übles, denn Du bist bei mir; Dein Stecken und Dein Stab, sie trösten mich!« Der Weg des Gläubigen führt unter der Leitung des Herrn manchmal durch große Tiefen und dunkle Schrecken. Unser guter Hirte weiß, daß dies für uns notwendig ist zu unserer Läuterung und Vertiefung. Doch Er Selbst geht mit hindurch, wie es schon von den Kindern Israel heißt: »In all ihrer Bedrängnis war Er mitbedrängt, und der Engel Seines Angesichts rettete sie. In Seiner Liebe und in Seinem Erbarmen hat Er sie erlöst; ja, Er hob sie empor und trug sie alle Tage!«

Während die vom Teufel geknechteten Menschen, die das Heil nicht angenommen haben, in ewige Nacht und Finsternis gehen, ist für das Kind Gottes das Tal des Todesschattens nur der Durchgangsort! Je dunkler es ist, desto vertrauensvoller dürfen wir uns klammern an unseren guten Hirten, der Seine Rechte auf uns legt und spricht: »Fürchte dich nicht, Ich bin der Erste und der Letzte und der Lebendige. Ich war tot, aber siehe, Ich bin lebendig in alle Ewigkeit, und Ich habe die Schlüssel des Todes und des Totenreiches ... Wer überwindet, dem will Ich geben, mit Mir auf Meinem Thron zu sitzen, wie auch Ich überwunden habe und Mich gesetzt habe mit Meinem Vater auf Seinen Thron!«

»Du bist bei mir!« Wie nahe kann unser Herz sein bei dem Allmächtigen und Er bei uns! Wie vertraut dürfen wir mit Ihm sein, dem Heiligen und Herrlichen — wie geborgen unter Seinen Flügeln! »Er wird mich bergen in Seiner Hütte am Tage des Übels, Er verbirgt mich in dem Verborgenen Seines Zeltes; auf einen Felsen wird Er mich erhöhen!« »Fürwahr, Gnade und Huld werden mir folgen alle Tage meines Lebens, und ich werde wohnen und bleiben im Hause des Herrn immerdar!«

Wie getrost und freudig dürfen wir sein im Blick auf jeden Tag, der noch hier in dieser Welt vor uns liegt! Der vollen Gnade und Huld meines

Herrn darf ich mich freuen und ihrer gewiß sein zu jeder Stunde. Der große Hirte, der uns bei unserer Bekehrung auf Seine Schulter genommen hat — Er läßt uns nie wieder los. Er hat es übernommen, uns zur ewigen Seligkeit zu bringen und uns hier durch Kämpfe und Leiden hindurch für die Herrlichkeit zuzubereiten.

Das Wichtigste für mich ist dieses, daß der Heilige Geist mich jeden Tag zu der vollen Segnung und Höhe emporheben kann, die für mich vorgesehen ist, und daß ich in dieser Kraft durch den Staub des Alltags geheiligt und siegreich hindurchkommen möge! O daß in meiner kurzen Erdenzeit der ganze wundervolle Plan, den Gott über mein Leben gefaßt hat, zur vollen Ausgestaltung komme! »Ich werde wohnen und bleiben im Hause des Herrn immerdar!«

> Jener Höhen Herrlichkeiten
> Löschen aus für immerdar
> Die Erinnerung an Zeiten
> Nah am Abgrund — in Gefahr!
> Keine Not mehr, kein Gedränge,
> Nur noch frohe Lobgesänge.
> Auf den ewgen Bergeshöhen
> Liegt ein helles Morgenrot!